WO MEN CUO LE

广西日报传媒集团　编著

李启瑞　主编

商务印书馆
2011年·北京

编委会

策　划　李启瑞
主　编　李启瑞
副主编　于起翔　吴文贾　尹如琴
　　　　钟桂发　夏海澄　梁锡训
　　　　王志珍
编　委
　　　　张社人　甘　毅　刘晓春
　　　　蒋钦挥　蒙　曦
　　　　陈　璞　刘游辉
　　　　黄　荣　李成连
　　　　王　雷　陈健民　黄祖松
　　　　吴志丽　苏超光　李宇宁
　　　　宋春风　谌贻照

【序】

"这样的媒体才有公信力"

◎ 沈北海

2010年初，广西日报传媒集团出版了一本由旗下的《南国早报》编著的内部"警示教材"《我们错了》。同年岁末，恰逢中宣部、中央外宣办、国家广电总局、新闻出版总署和中国记协在全国新闻界组织开展"杜绝虚假报道、增强社会责任、加强新闻职业道德建设"专项教育活动，自治区党委宣传部认为可以将此书作为专项教育的学习读物，特向全区新闻战线推荐。作为广西发行量和影响力最大的纸质媒体，勇于自曝"家丑"，犹如飞石投湖，在广西新闻界击起不小的涟漪。中央有关领导同志对此高度重视，作出批示：广西日报勇气可嘉，这样的媒体才有公信力，才会得到社会的尊重。中央媒体也纷纷对《我们错了》进行报道，并予以好评。2011年2月15日，中央电视台"焦点访谈"以"向虚假新闻说'不'"为题的节目，将《我们错了》一书向全国作了推介。

真实、准确、客观、及时是新闻报道的基本准则。杜绝虚假报道、失实报道、差错报道，坚守新闻真实的生命线，牢牢把握正确的舆论导向，这是我们新闻媒体的基本底线。当然，"人非圣贤，孰能无过"，办报出现差错总是难免的，关键是我们对待差错的态度。我们容易为正面的辉煌而自得，而常常对既往的过失讳莫如深。因为难能，所以可贵。《我们错了》可作为一册广西新闻界的"醒世恒言"。

《广西日报》和《南国早报》一直是广西极富公信力的媒体。勇于认错、惩前毖后的报纸更能赢得读者的信赖与尊重。勇气可嘉的广西日报传媒集团以《我们错了》一书赢得"这样的媒体才有公信力"的赞誉。

现在，广西日报传媒集团本着认真负责的严谨态度，在原来的基础上，综合《广西日报》及其旗下《南国早报》《当代生活报》《南国今报》在内的虚假、失实、差错新闻案例，加以扩展、整合与精选，编著《我们错了》的修订版，面向全国公开出版发行。这是广西新闻界的一桩好事、实事、善事。

《我们错了》这本书，让人想起著名的"鲶鱼效应"。挪威人喜欢吃沙丁鱼，尤其是活鱼价格极高。然而，绝大部分沙丁鱼都会在船运途中因窒息而死亡，却有一条渔船总能让大部分沙丁鱼活着回到渔港。船长严格保守着秘密，直到他去世，谜底才揭开。原来是船长在装满沙丁鱼的鱼槽里放进了一条以鱼为主要食物的鲶鱼。鲶鱼进入鱼槽后，由于环境陌生，便四处游动，沙丁鱼见了鲶鱼十分紧张，左冲右突，四处躲避，加速游动，沙丁鱼缺氧的问题就迎刃而解了。这样一来，一条条沙丁鱼活蹦乱跳地回到了渔港。但愿《我们错了》一书能像那条鲶鱼一样，起到负激励作用。

批评与自我批评是中国共产党的三大作风之一，是在长期革命实践中形成的加强党的自身建设的重要经验，也是党不断增强战斗力、凝聚力、创造力的重要途径。广西日报传媒集团出版《我们错了》，是批评与自我批评精神的生动体现。

我为广西出了这么一本书而高兴。

是为序。

（作者系中共广西壮族自治区委员会常委、宣传部部长）

目 录

1 | 缘何出版《我们错了》
　　——访广西日报传媒集团党委书记、
　　董事长、总编辑李启瑞 / 刘　昆

4 | 向虚假新闻说"不" / 中央电视台《焦点访谈》栏目组

9 | 广西日报传媒集团编辑出版《我们错了》一书 / 晋雅芬

12 | 杜绝虚假新闻要下真功夫 /《光明日报》评论员

13 | 《我们错了》将传之久远 / 任桂瞻

第一编　《南国早报》案例

3 | 开场白
5 | "桔树结南瓜"　原是恶作剧
8 | 蹊跷泥石流　夜班辨真伪
10 | 来信未核实　报社赔三千
12 | "性课程改革"　乃子虚乌有
14 | 上错客车门　全文系杜撰
16 | 依赖通讯员　旧事变新闻
17 | 小稿伤同行　调查还真相
19 | 饼干能燃烧　为何成新闻
21 | 自己写自己　公正怎保证
22 | "听说死了人"　根本没证据
24 | 赌球有"黑爪"　究竟在何处
25 | 借条或有假　债务却是真
27 | 采访副校长　错成"李校长"

28	帮人讨工资　误伤第三方
30	他人有纠纷　记者被卷入
32	新规不了解　交警被冤枉
34	写"自杀告示"　引自杀威胁
35	"难过东门关"　采访不过关
37	"租金有猫腻"　数字出问题
39	删掉"抽检地"　官司打几年
41	对方随手指　记者信为真
43	细节未求证　写错报警人
45	通讯写人物　错了主人名
46	不明当地情　化名出问题
48	本是邮政局　不料成电信
49	本属河池管　为何"搬"百色
50	一篇调查稿　差错四五处
52	看样太"放心"　错了国家名
53	转载外地稿　隐患须防范
55	名之曰"落地"　岂能成抄袭
57	"说明"不清楚　"红姐"讨说法
59	找图配文章　弄巧反成拙
61	图文不相符　张冠给李戴
62	拍照未采访　部门要正名
64	编辑凭印象　一图配两文
66	用词不严谨　赔礼又赔钱
68	"比"误为"不如"　意思正相反
69	术语不理解　标题出差错

71	标题乱断句　意思很离谱
72	照片露脸面　赔了四千元
73	点了姐妹名　姐姐有意见
75	"大闹美容院"　引人闹报社
76	"恩怨两家人"　官司惹上身
77	记者未到场　写出"现场稿"
78	人虽在现场　稿件"没现场"
80	"请酒上百桌"　劳模求公平
81	记者说的话　加给受访者
82	重金买"燕窝"　记者"没脑壳"
84	水果很便宜　换算有问题
86	事涉"丢饭碗"　下笔要慎重
88	他变我不变　差点惹官司
90	号码错一个　电话一连串
91	听人这么说　岂是亲眼见
92	消息本不长　更正两百字
94	正面写报道　一语引不满
96	没访当事人　终有后遗症
99	正面写先进　记者挨耳光

第二编　《当代生活报》案例

103	虚构"假钞公司"　杜撰猛料"新闻"
105	部分细节有缺失　输了官司又赔钱
107	轻信通讯员　"新闻"出大错

109	本非我所为　不该冤枉我
111	配文图片欠思量　伤及无辜惹麻烦
114	专用名词乱简称　政策解读成误读
116	历史知识欠缺　低级错误难免

第三编　《南国今报》案例

121	广告侵了权　报社要赔钱
123	坠楼出意外　事出别有因
125	身心俱已伤　媒体还曝光
127	为了找看点　编辑乱定性
128	记者就要跑　细节最重要
130	朋友来投诉　被指谋私利
132	图片说明含糊　引发名誉官司
134	标题不严谨　厂家来索赔
136	"自己人"点评　结论难服众
138	乞丐"大写真"　其实为杜撰
140	虚构普法案例　引发百万诉讼
142	当事人已逝　何必再为难
144	"落难"秀气女生　竟是记者臆造
146	仅凭朋友反映　仓促成稿出错
148	单听一面之词　伤害另外一方
150	把男看成女　眼见不为实

第四编 《广西日报》案例

153	轻信来电"更正" 不错反而搞错
156	转载文章偷懒 差错在所难免
159	旧稿重"翻新" 逝者竟"受访"
161	"复制""粘贴"草成文 电脑怎能替人脑
163	局长违纪已被"双规" 居然"复出"检查工作
164	"兵书"倒背如流 偏偏"街亭失手"
166	自己节日都搞错 错在不易出错处
167	准备不充分 代表"被改名"
169	人物名字常搞错 折射采编不细心
170	错之一字 谬以千里
172	编辑马虎 文不对题
174	删减未通读 丢三又落四
175	岁尾年初易出错 记时方式要写实
177	量词出差错 报道全失真
179	把关制度缺失 稿件重复见报
181	同一专版 两度现身
182	防错无奥秘 认真是关键
183	民族问题无小事 名称写法要记全

第五编 总编辑手记

187	我们到底为何犯错？	/ 李启瑞
190	从"桔子树上结南瓜"说开去	/ 蒋钦挥
192	再谈"桔子树上结南瓜"	/ 蒋钦挥
194	合情还要合理，客观还要公正	
	——2005年3月15日至31日半月值班体会	/ 蒋钦挥
197	从两张照片看记者"到现场"	/ 蒋钦挥
199	对照别人，提高自己	
	——从两篇文章谈写活人物新闻	/ 蒋钦挥
202	严谨，严谨，再严谨	/ 蒋钦挥
204	新闻职业道德的底线	
	——由一篇虚假报道想到的	/ 陈 璞
205	对虚假新闻的剖析、认识与堵截	/ 黄 荣 黄志诚 李成连
212	后记	

缘何出版《我们错了》
——访广西日报传媒集团党委书记、董事长、总编辑李启瑞

◎《光明日报》记者 刘 昆

开门办报历来是我党的优良传统。一份报纸面世，要经历编辑、审核、校对、印刷等多个环节，难免出错。金无足赤，人无完人。错了就改，是一种姿态，更是一种气度。

在深入开展"杜绝虚假报道、增强社会责任、加强新闻职业道德建设"专项教育活动中，广西日报传媒集团勇于自曝家丑，主动承担责任，选择了旗下在广西发行量、影响力最大的都市类媒体《南国早报》作为范例，将近几年来的新闻报道失实案例集中起来，编印了《我们错了》一书，作为集团编辑、记者学习的警示教材，在业界引起强烈反响。

近日，记者就此采访了该书的策划和主编——广西日报传媒集团党委书记、董事长、总编辑李启瑞，了解了广西日报传媒集团这几年来在舆论引导的力度和报业经营上取得的成就后，我们发现，推出《我们错了》绝非偶然。

"我们错了"：闻过即改需要勇气

乍一看书名——《我们错了》。寥寥几个字，既是对过去工作失误的歉意，更是改正错误的诚恳态度。

谈起编辑出版《我们错了》一书的初衷，李启瑞坦言："几年前，《南国早报》官司不断，究其原因，是在报道上出现了这样那样的虚假、失实和差错，有的是职业道德问题，有的是责任心问题，有的是技术问题，更重要的是政治敏感问题。我们把它集中起来，分门别类，分析原因，总结经验教

训，目的是避免重蹈覆辙。"

"办报纸不应该回避自己的过错，错了改过来就好。"李启瑞说，办报是一件严谨的事，来不得半点马虎，这是做人、作文的基本要求。

"现代社会，各类信息鱼龙混杂，新闻报道难免会有这样那样的问题。出问题是很难避免的，关键是不要文过饰非，不要选择性失忆。"李启瑞认为，新闻工作是社会风气的风向标，绝不能随波逐流，泯灭职业精神，古人说子路闻过则喜、大禹闻善则拜，每一个媒体人都应该有一点自我反省精神。

广西日报传媒集团自曝家丑、主动承认错误的做法，受到区内相关单位和业内人士的一致好评。广西壮族自治区党委宣传部已将《我们错了》一书印发全区新闻单位，作为"三项学习教育"活动的必读教材，全区新闻界正掀起一轮学习热潮。

"我们改正"：竭力提高办报质量

纵观《我们错了》一书，其中所收录的57个报道差错案例，每个案例包括稿件差错部分的原文、造成差错的原因、差错引起的后果，并以教训的形式予以分析和点评。同时，以总编辑手记的形式，收集了9篇总编辑对于如何避免失实报道和报道差错的心得体会，以利将来少犯错误或不犯错误。

"每一个差错背后，都教育我们如何改正错误，避免在同一个地方摔倒两次。"李启瑞感言，"说来也是新闻界的悲哀，不做虚假新闻是新闻人的底线，中央号召行动，说明我们真的失职了。如今先用自己的过错教育自己，效果往往会更直接和有效。"

在错误中反省，在反省中收获。《我们错了》给集团内部所有编辑记者树立了一个榜样，在集团员工中引起强烈反响。他们纷纷表示，作为前车之鉴，该书有助于集团员工提高业务水平，提高办报质量。

"提高办报质量，提高舆论引导水平，是我们的永恒的主题。"李启瑞说。作为广西新闻媒体的排头兵，长期以来，广西日报传媒集团紧扣时代脉搏，紧贴全区现代化建设实践，为解放思想鼓与呼，为改革开放呐喊，营造了有利于科学发展的良好舆论氛围，真正将传媒集团提出的"创造性引导舆论，开拓性经营传媒"的理念落到了实处。

古人云"正人先正己"。李启瑞表示，新闻媒体在发挥舆论监督的同时，首先要监督自我。在"三项学习教育"活动中，广西日报传媒集团上下高度重视，集团员工统一思想，提高认识，从自身加强职业道德建设，自觉提高新闻业务水平，提高办报质量，让人民满意，让读者满意。

"我们努力"：铁肩担当社会责任

总结错误，剖析错误，不仅仅是为了不再犯错，更要以此为契机，提高媒体的舆论引导水平，担当起社会责任。

"改过错误，不做虚假、失实报道，是我们承认错误的认识起点，关键还得在实践中检验。"李启瑞认为，避免出现差错，杜绝虚假报道，要从增强社会责任感抓起。"一个新闻从业人员，只有社会责任感强了，才会自觉加强职业道德修养；有了良好的职业道德，便会自觉提高业务水平；业务水平提高了，差错自然就少了。"

"媒体只有承担起自己所应负的社会责任，才能走向成熟，才能树立起良好的公信力和影响力，使自己在多源性传播竞争的环境中脱颖而出。治理虚假新闻，目的是为了我们写出真实、客观、公正的好新闻，切实做到正确引导舆论。"李启瑞说，不管是过去、现在还是将来，社会责任都是媒体的永恒担当。在全球化时代，在市场经济环境中，在全媒体时代即将来临的今天，媒体如何适应时代要求，切实履行好社会责任，也是一个需要时刻面对、常做常新的课题。

当前，广西日报传媒集团正以此为契机，进一步深入开展"杜绝虚假报道、增强社会责任、加强新闻职业道德建设"专项教育活动，在全体员工中开展大讨论，强化每一个媒体人的社会责任感，真正做到在传播社会主义核心价值体系方面发挥积极作用，在营造健康向上、丰富生动的主流舆论方面发挥积极作用，在促进社会和谐方面发挥积极作用。

（原载《光明日报》2011年2月13日第1版、第3版）

向虚假新闻说"不"

◎中央电视台《焦点访谈》栏目组

演播室：

这本书的书名很醒目，叫《我们错了》，它是广西日报传媒集团的一本内部读物，这里面是其下属的都市类媒体——《南国早报》近10年来曾经出现的各类虚假新闻、失实报道，共57个案例。在深入开展"杜绝虚假报道、增强社会责任、加强新闻职业道德建设"专项教育活动中，广西日报传媒集团用这样的方式，自曝家丑、主动承认错误，目的是为了警示每一名编辑记者，向虚假新闻说"不"。

案例：桔子树上结南瓜，人为恶作剧却成新闻。

【解说】2003年7月8日，《南国早报》刊发了一条消息，标题为《奇！桔子树上结南瓜》，并配有照片。消息说："记者在果场里看到，有一株桔子树居然长出了一个南瓜，瓜体直径足有10厘米大，形同葫芦。"

【同期】《南国早报》总编辑　蒋钦挥

见了报之后，人家打电话来，说桔子树上能长南瓜，简直是天方夜谭。

【解说】当时这篇消息，是报社一名新招聘的记者和通讯员共同署名的，接到科研单位的质疑电话之后，蒋钦挥曾认真询问过这位记者是否曾到实地调查过，这名记者表示自己确实亲眼所见。于是第二天，报社一名部门主任带着该记者和广西农业科学院的几位专家，一道前往事发地进行实地调查。

【同期】《南国早报》总编辑　蒋钦挥

记者在车上还说去过，确实有这么回事。到了岔路口了，车子往哪里走？这时那个记者才说，我不知道往哪里走，我没有去过。

【解说】调查发现，桔子树上结南瓜，其实是有人制造的恶作剧，把桔子树枝削尖后插上了小南瓜。在这一案例后，早报配发的教训写道：由于记者本人未到现场，轻信通讯员之言，在通讯员来稿上挂名，导致假新闻出笼，造成恶劣影响。

案例：自己写自己，公正怎保证？

【解说】2006年10月12日，《南国早报》"市民之声"刊登了一篇《机主投诉"开通服务"》的报道。文章刊登之后，报社接到了通信公司的投诉，说报道不实，原来报道中出现的手机机主阿华，其实就是写这篇报道的记者本人。

【同期】《南国早报》社会新闻中心主任　蒙曦

作者既是记者，又是采访对象，在稿子中出现"阿华告诉记者"这样的表述，这是很明显不符合新闻要求的。

【解说】《我们错了》一书中，在针对这篇虚假报道的教训中写道：自己写自己的事情，很难保证新闻的客观性，容易授人以柄，新闻记者是需要避嫌的。

现在，在广西日报传媒集团，《我们错了》这本书几乎人手一册，每个新上岗的记者、编辑在培训时的第一课，就会收到这本书。

【同期】广西日报传媒集团总编辑　李启瑞

在好几年前的时候，经常因为失实的报道引发官司。打了官司我们就想总结教训，总结教训的手段之一就是案例教育，特别有效。我们有一个离休的副总编，接到这本书看了以后，马上给我写了一封很动情的信，说这需要勇气，一个人只要勇于承认错误，他就会改正错误，他就会追求进步。

【解说】广西日报传媒集团这种自曝家丑、主动承认错误的做法，其实是正在全国新闻战线开展的"杜绝虚假报道、增强社会责任、加强新闻职业道德建设"专项教育活动的一个缩影。近年来，随着社会环境的变化，传媒格局的调整，新闻队伍构成更加复杂，新闻领域出现了一些新情况、新问题。其中一个突出问题就是虚假新闻屡禁不止。真实是新闻的生命，但是虚假新闻有增多的趋势，并且假新闻从文化、娱乐、社会新闻，不断向经济、时政新闻领域扩散。

【同期】中国记协党组书记　翟惠生

因为老百姓拿报纸、电台、电视台当教科书，都说报纸怎么说的，电台里说了，电视里播了。因为我们的媒体在一定程度上，就是代表党和政府，这样（传播虚假新闻）的话，媒体的公信力受影响，同时我觉得对政府的信用和信任来说，也确实受到了相当的影响。

【解说】据调查，在一些虚假新闻中，有的是捕风捉影，夸大其词；有的断章取义，蓄意曲解；有的移花接木，张冠李戴；有的违反常识，误导受众。特别是少数媒体违反规定，甚至明知故犯，热衷于搜罗网上信息拼凑新闻，与网络互动，炒作虚假新闻，放大虚假新闻的社会影响。

【同期】中国社会科学院新闻与传播研究所所长　尹韵公

互联网上，因为人人都是记者，人人都是编辑，人人都是麦克风，人人都可以写大字报，所以我觉得现在打击虚假新闻，既要注意传统媒体，比如说纸媒、电视媒体，同时还要注意依法打击互联网上的虚假新闻和虚假信息。

【解说】2010年10月29日，《甘肃日报》《新疆日报》《重庆时报》《华西都市报》等六家报刊，因刊载虚假失实报道，被新闻出版总署通报批评。这六篇虚假新闻是：《甘肃日报》关于将西安确定为"国家第五个直辖市"的虚假报道；《都市消费晨报》《新疆日报》关于"喀什房价翻倍"的虚假报道；《重庆时报》《华西都市报》关于作家团"订住总统套房"的失实报道；《商务周刊》关于"国网帝国"的失实报道。

【同期】中国人民大学新闻与社会发展研究中心主任　郑保卫

由于媒体出现了虚假报道，说了一些不实的话，搞了一些虚假的东西，人家就会想：管媒体的党委、政府，是不是也不说实话？这就会影响干群之间的关系、党群之间的关系。

【同期】中央人民广播电台播音指导　铁城

我们党的宣传工作的原则，就应该说真的，跟人民不能说假话，在受众面前，面对面跟人撒谎、说假话，忽悠人家，这不是我们严肃的传播单位所应有的思想品德。

【解说】为了杜绝虚假报道、增强社会责任、加强新闻职业道德建设，从2010年11月开始，全国新闻战线广泛开展了为期半年的专项教育活动。全国从上至下，各级各类新闻单位结合自身特点，查找薄弱环节，分析产生原因，建章建制，有针对性地加以解决。

【同期】新华社总编室主任　刘思扬

在日常的工作中，我们更重视如何从源头上杜绝虚假报道，比如说在新入社人员中，我们要把杜绝虚假报道纳入整个培训，强化所有新入社人员的安全发稿意识，同时我们在采访编发各个环节，进一步完善制度，完善流程，堵住可能发生虚假报道的各种漏洞。

【同期】光明日报副总编　何东平

在这方面，我们第一是要靠制度管人，不能一般号召，要有切实的发现、纠正错误的措施，发现苗头就紧揪不放；另外最主要的是要让记者们一开始就要找生活的源头，到实际当中去，不能靠二手材料。

【解说】《人民日报》是中共中央机关报，在这次专项教育活动中，他们不仅在子报和网络媒体管理上狠下工夫，而且在今年1月推出了新栏目《求证》。

【同期】人民日报总编室副主任　叶蓁蓁

其实，主要还是配合中宣部进行的"杜绝虚假报道、增强社会责任、加强新闻职业道德建设"的专项活动。

【解说】在《求证》栏目《开栏的话》中这样写道：开设《求证》栏目，对各类争议新闻、疑点事件进行探寻，力求通过严谨核实与深入调查，澄清事实，还原真相，回应关切，阻击谣传，促进和谐，提升公信力。

目前，《求证》栏目已经刊发了《郑东新区是不是空城》《钱云会之死》等报道，对当下一些互联网上流传很广、议论纷纷的热点问题，进行了严谨的核实和深入调查，还原了事件真相，起到了以正视听的作用。

【同期】人民日报社秘书长　阎晓明

总之，我们通过这次专项教育活动，进一步落实贴近群众、贴近实际、贴近生活的意识，来提高报纸的公信力，提高我们的舆论引导力。

【解说】"杜绝虚假报道、增强社会责任、加强新闻职业道德建设"专项教育活动，正在全国展开。前不久，国家广电总局、新闻出版总署、中国记协再次向社会公布举报电话，要通过新闻界的自律和社会化的监督网络，确保新闻报道客观真实，切实维护新闻真实性和媒体公信力。

【同期】中国记协党组书记　翟惠生

我觉得编辑、记者的响应程度超乎我们的想象，而且特别感受到，原来现在的世情、党情、国情、民情是这样一个情况，需要我们做新闻的人提高政治素质、业务素质，还包括其他方面的综合素质。

演播室结尾：

在专项教育活动中，新闻从业人员有很多自省。虚假新闻是对受众极大的不尊重，社会和受众对虚假新闻深恶痛绝。对于新闻界自身，虚假新闻是致命的毒瘤。维护新闻的真实性是新闻从业人员基本的职业道德，也是新闻媒体必须承担的社会责任。

（2011年2月15日中央电视台《焦点访谈》文稿）

主动自查虚假报道 努力提高办报质量
广西日报传媒集团编辑出版《我们错了》一书

◎ 晋雅芬

本报讯 在深入开展"杜绝虚假报道、增强社会责任、加强新闻职业道德建设"专项教育活动中，广西日报传媒集团勇于自曝家丑，主动承认错误。近日，其下属的都市类媒体《南国早报》将近几年来的新闻报道失实案例集中起来，编辑出版了《我们错了》一书，作为集团编辑、记者学习的警示教材。

从2010年11月底开始，广西日报传媒集团按照中宣部、自治区党委宣传部和广西新闻战线"三项学习教育"活动领导小组的部署和要求，深入开展专项教育活动并主动进行自查。为了将差错降至最低程度，真正把"杜绝虚假报道"落到实处，《南国早报》根据集团领导建议，将近几年来该报的新闻报道差错集中起来，编辑成《我们错了》一书。

该书由广西日报传媒集团党委书记、董事长，广西日报社社长、总编辑李启瑞主编，书中集纳了《南国早报》近10年来比较有代表性的57个报道差错案例，每个案例包括稿件差错部分的原文、造成差错的原因、差错引起的后果以及报社的处理决定，并以"教训"的形式予以分析和点评。该书还以"总编辑手记"的形式收集了9篇报社总编辑对于如何避免失实报道和报道差错的心得体会，以利将来少犯错误或不犯错误。

勇于自曝家丑，主动承认错误，善于吸取教训，《我们错了》一书给集团内部所有编辑记者树立了一个榜样。作为前车之鉴，该书也有助于集团提高办报质量。该书执行主编、《南国早报》总编辑蒋钦挥在《我们错了》一书的

"开场白"中表示,"这样的自我总结,自我提高,实在是一件有意义的工作","我们把自己的错误、失误总结出来,就是为了把报纸办得更好,这是我们的目的"。

该书编辑出版后,受到广西壮族自治区党委宣传部和自治区新闻界的一致好评,一些新闻单位将此书作为新闻业务培训教材。《广西日报》原副总编辑、离休老同志吴跃增拿到这本书后非常激动,亲笔给社长李启瑞写了一封信,称赞这本书的出版拿出了办报人主动承认错误的勇气,作为一个老报人非常佩服这种勇于自曝家丑的举动。北海电台记者路迪读了这本书后,给蒋钦挥发短信,认为书中列举的每一个错误几乎都有可能重蹈覆辙,编者的政治素养、经验、学识毫无保留地教授给后辈,让他获益匪浅。

【评论】

钦佩这样的勇气

◎ 评论员

《我们错了》,短短一句话,振聋发聩。传媒行业中,如此坦然公开剖析自己曾犯过种种错误的媒体,能有几家?《南国早报》,广西发行量最大的都市报,就有这种敢于自曝家丑、解剖自我的勇气和自信。不仅表达了对读者和同行的歉意,更体现了新闻人对自己职业的高度负责精神。这样的媒体,值得同行钦佩;这样的媒体,会赢得社会尊重。

办报纸,难免出错。但是错在哪里?为什么常常会犯同样的错?如何少犯错或不犯错?这是媒体应该经常思考的问题。媒体不仅需要借鉴吸取他人的经验教训,更要深入分析自身存在的问题。像《南国早报》这样,不回避过错,不避重就轻,从严重政治性差错,到图文不符的失误;从记者抄袭新闻,到多种形式的虚假报道,每一个案例都以"教训"的形式予以分析点评,以示警醒。正如《南国早报》老总所言,"把我们走过的弯路告诉大家,哪里有急弯,哪里有陡坡,哪里有个坑,哪里有个石头,前车之覆,后车之鉴"。

《南国早报》在总结中曾提到,"多年来的新闻官司、新闻纠纷、新闻反弹时，发现了一个共同点，就是没有把客观、公正这两个概念落在实处，没有落实到每一篇报道中。"客观公正是保证新闻真实的前提，不能客观公正，是虚假报道产生的一个重要因素。根源找到，才能对症下药，媒体才能采取有效措施，把报纸办得更好。

我们期待每一家媒体都能有《南国早报》这种"我们错了"的坦然心态。能梳理、反思和总结自身曾经犯过的种种错误，就会少犯错，各种虚假报道就会少一些，再少一些，直至杜绝。

（原载《中国新闻出版报》2011年2月1日第1版）

杜绝虚假新闻要下真功夫

◎《光明日报》评论员

由广西日报传媒集团编辑出版的《我们错了》一书令人印象深刻。作为一部反思之作，该书集纳了数十个具有代表性的报道差错案例，并分析了相关原因、后果，总结了经验教训，具有较强的可读性和启发性。本书的出版说明，在杜绝虚假报道专项教育活动中，我们的新闻媒体在查找突出问题、提高业务素质、加强队伍建设和完善制度管理等方面，有了高度自觉，下了很大功夫，取得了阶段性成绩。

"我们错了"，话语简单，但态度鲜明，内涵深刻。真实是新闻的生命，也是新闻工作者必须坚守的底线。为了实现这一点，新闻媒体必须以最大的决心和努力，避免任何错漏的发生，杜绝一切虚假的出现。然而，由于种种原因，新闻报道可能不免会出现这样那样的差错。这个时候怎么办？是坦白承认、积极改进，还是遮遮掩掩、文过饰非？显而易见，"我们错了"，是一种正确的姿态。也许有人觉得，"我们错了"是自曝家丑、丢面子，但事实上，只有真诚地承认错误，才能真正深刻地认识错误，有效地改正错误，从而在将来少犯错误或不犯错误。"我们错了"的表态，是新闻媒体对自己负责的体现，更是对受众负责的必然要求。

当然，口头说说"我们错了"很容易，真正难的是要在实践中下狠功夫改正和避免错误。这就要求新闻媒体和新闻工作者必须时时警钟长鸣，牢牢把握新闻报道的各个关节，大力保持认真细致、一丝不苟的工作作风，以对人民负责、对历史负责的态度，将一切差错消除于萌芽状态。唯有在实践上见真功夫，杜绝虚假报道的努力才能获得最好的效果。

（原载《光明日报》2011年1月30日第3版）

《我们错了》将传之久远

◎ 任桂瞻

　　一本油墨尚香的新书《我们错了》，通过中央媒体及相关网站的报道，迅速在传媒界和社会广为传播，并引起中央高层的关注和好评。

　　这是一本自揭家丑的书，这是一本需要勇气和展现勇气的书，这是一本以错为鉴、面向未来的书，这是一本承传着优良传统又闪耀着开拓精神的书。因而，这本书的启迪意义，将远远超出书中所写的单位和行业。

　　这本书的主编是广西日报社社长李启瑞，执行主编是广西日报社旗下的都市报纸《南国早报》总编辑蒋钦挥。书中所写，是《南国早报》近10年来曾经出现的各类虚假新闻、失实报道，共57个案例。

　　书中的"错"，有工作失误的"错"，有人为炒作的"错"。由于是影响广泛的大众传媒，所有这些"错"，都在一定程度和相当范围产生过不良影响，有的还会对被报道对象产生伤害。更严重的，凡不符事实的"错了"的虚假报道，都损害着新闻工作者的形象与媒体公信力，也损害着党和政府的形象与执政力。

　　正因为如此，这些年，"杜绝虚假报道"，成为中央要求新闻界"加强新闻职业道德建设"专项教育活动的重要内容，各级媒体为此作了不少努力，社会对此给予很高期待。

　　广西日报社及其旗下《南国早报》的胸怀、远见与勇气，就在于结合专项教育活动，以集纳出书的方式，公开亮丑，"向我开炮"，主动向全社会坦诚——我们错了！

　　我们为《我们错了》欢呼！我们向《我们错了》致敬！伟大的《我们错了》，充满着伟大的自我批评精神！《我们错了》必将唤醒和警醒媒体和媒体以外。《我们错了》必将因此而传之久远，成为当今如汗牛充栋般洋洋书籍大观中的耀眼册卷！

　　所以称此书为"伟大"，并不是降低了"伟大"的标尺。想想多年来视线所及，五花八门的书海中，不少是出自某种目的与功用的自我标榜和吹嘘。

真正能深刻地反映生活特别是敢于自我揭丑的，绝对是寥若晨星。相比之下，此书当然位于"伟大"之列。

再说，伟大与平凡，相辅相成。伟大总是寓于平凡之中，平凡常常孕育着伟大。一本《我们错了》，既能纠正和激励自我，传播开去又能警示和启迪社会，甚至激励整个传媒业和传媒业以外，这就有力而鲜明地呼应了党的优良传统和精神。既如此，当然无愧"伟大"。

面对这本书，让人想起了当年毛泽东从西柏坡"赴京赶考"中说过的警语；让人想起毛泽东53年前为办好《广西日报》写下的那封著名的指示信；让人想起"文革"结束时我们党告知全世界"我们错了"的声音；让人想起江泽民、胡锦涛两任总书记先后视察人民日报社时所作重要讲话中震若洪钟的深情告诫……

为了我们今后在工作中尽可能减少"错"，为了我们职业的尊严和人生的价值，为了亿万传媒受众阅读的真实与良好，让我们静下心来，认真读读这本发人深省的《我们错了》！

（本文为作者针对内部资料《我们错了》所写的书评，原载人民网，原标题为《伟大的〈我们错了〉》。作者单位：人民日报社广西分社）

第一编

《南国早报》案例

执行编委

蒋钦挥　蒙　曦

开场白

几年前,《南国早报》官司不断。2007年,广西日报社社长、总编辑李启瑞曾建议我们做一个统计,分门别类,看看引起官司的原因是哪些,如何避免。当时我们就有意识地做了搜集、整理,但没有成册。2009年,李启瑞社长重提此事,明确要求找出近年来《南国早报》失实的新闻事例,分析原因,总结经验教训。我们找出了近十年来比较有代表性的几十个实例,集中起来,自曝"家丑",以利将来少犯以至不犯错误。

这样的自我总结,自我提高,实在是一件有意义的工作。

办报纸,每天出报,难免有错。但是,我们要把错降到最低程度,尤其是人为的错,诸如责任心问题、技术问题;当然,更重要的是舆论导向问题。

只有实践才会具体地教会我们如何少犯错误。遗憾的是,我们常常犯同样的错误,或者是张三昨天犯了,李四今天又犯,王五明天再犯。大的错引起官司,小的错引起纠纷,其后果大的赔钱,小的更正,再小的赔礼道歉。总之,浪费精力和时间,更重要的是影响了早报形象。

办报纸不应该回避自己的过错,错了改过来就好;办报纸是一件很严谨的事,来不得半点马虎,这是做人、作文的要求。报社这些年来十分重视差错问题,一是制定了相关条例,对记者原稿差错、见报差错等都有处罚;二是在"市民之声"版面上开设"早报纠错台"栏目,将读者纠错的内容刊登出来，还给纠错的读者付稿酬；三是每天编前会评报时，把纠差错作为一个内容，算得上是天天纠差错，天天讲防止差错。

我们把自己的错误、失误总结出来，就是为了把报纸办得更好，这是我们的目的。

一次与早报社会新闻中心主任蒙曦谈起这个想法，他很是支持。谈到要取一个书名，他说就叫《我们错了》，实实在在向各位读者及同行认错。我甚表赞同，故书名为《我们错了》。

最近，广西日报社为新来的大学毕业生搞培训，我本来准备跟大家讲讲社会与学校的区别、新闻学与新闻实践的区别，后来想想，还不如把我们走过的弯路告诉大家，哪里有急弯，哪里有陡坡，哪里有个坑，哪里有个石头。前车之覆，后车之鉴，这样可能收获会好一些。于是，我就讲"我们错了"。

如果看了这些新闻实例，我们自己不再犯类似的错误，哪怕是少犯一次这样的错误，那么，我们收集、整理新闻差错的目的也就达到了。不知读者以为然否？

《南国早报》总编辑　蒋钦挥
2010 年 3 月

"桔树结南瓜" 原是恶作剧

2003年7月8日,《南国早报》头版发了一条消息,标题为《奇!桔子树上结南瓜》,并配有照片。该消息说:

7月5日,记者在玉林农业学校的果场里看到,有一株柑桔树居然长出了一个南瓜,瓜体直径足有10厘米大,形同葫芦,瓜顶上长出了一片桔子叶。据该校邱老师介绍,该校种植有5亩柑桔树,其中温州柑有50多株,每年3月开花挂果,果树下间种有南瓜,同是4月开花结瓜。

邱老师说,柑桔果树属木本芸香科植物,南瓜则属藤本葫芦科,两者"相交"结果真的风马牛不相及,但展现在眼前的事实又不得不让人称奇。

消息见报当天一早,广西壮族自治区一科研单位的人来电说:"桔子树上能长南瓜,简直是天方夜谭。"

该消息是一名新招聘来的见习记者与通讯员共同署名的。遭到科研单位的质疑后,总编辑曾认真地问过这名新记者:"到过实地没有?"记者信誓旦旦地说,他亲眼看见过。

7月9日,早报即派出部门负责人带着记者与广西农业科学院的几位专家一道,亲赴玉林农校的果场,进行实地调查。车上,记者还说他到过现场,但到一个岔路口时,车子该走哪条路,他却不知道,这才承认未到过现场,而是在通讯员稿件上署名,谎称自己采访过。

农科专家赴现场观察,发现疑点颇多:南瓜已经变成土黄色,有些蔫了;桔子树枝与南瓜的结合部,不见瓜蒂;南瓜上原来有瓜蒂的地方,有明显的挖伤痕迹。据此,专家认为,这是某些人"有意或无意"弄出的恶作剧,是有人出于好玩或其他目的,把桔子树枝削尖后插上小南瓜,"导演"出这个"奇观"。广西农业科学院科技处处长高国庆博士在现场对小南瓜进行仔细观察后指出:桔子树上结出南瓜是不可能的。从植物生长的科学角度看,桔子属于

奇！桔子树上结南瓜

俗话说"种瓜得瓜，种豆得豆"，可是种桔子树不仅得果，还得一个大南瓜！

7月5日，记者在玉林农业学校的果场里看到，有一株柑桔树居然长出了一个南瓜，瓜体直径足有10厘米大，形同葫芦，瓜顶上长出了一片柑桔叶。据该校邱老师介绍，该校种植有5亩柑桔树，其中温州柑有50多株，每年3月开花挂果，果树下间种有南瓜，同是4月开花结瓜。

邱老师说，柑桔果树属木本香类植物，南瓜则属藤本葫芦科，两者"相交"结果真的风马牛不相及，但展现在眼前的事实又不得不让人称奇。

木本芸香科植物，而南瓜则属于藤本葫芦科植物，这两种植物的亲缘关系相差太远，桔子树花粉和南瓜花粉是不可能相互传播授粉的。

广西甘蔗研究所杨荣仲博士认为，这南瓜不可能是嫁接成活的产物，因为嫁接必须在木本植物之间才能实现，而把一个南瓜嫁接到桔子树上，不可能成活。"只要把南瓜从桔子树枝上扯下来，那么马上就会真相大白了！"

那么，这个"新闻"由何而来？根据调查，玉林农业学校邱老师接到一名工人的报告后，当即赶到现场查看，果然看到桔子树上结有一个小南瓜。他开始也不相信桔子树上会长出南瓜来，于是将基地的所有职工召集起来，问是不是有人搞恶作剧，但没有职工承认。7月5日，他向当地电视台"报料"，当地媒体进行了报道。身为农艺师的邱老师称，他之所以报料，是想通过媒体报道引来有关专家进行深入研究。

另外，文中"有一株柑桔树居然长出了一个南瓜"这句话，犯了一个低级的常识错误，"柑桔树"是包含柑、桔、柚、橙等多种果树的统称，何来"一株柑桔树"？

对于再次调查的情况，早报在 7 月 10 日头版以《南瓜是怎样"长"到桔子树上的？》为题，进行了报道。文末还附有一个道歉性质的说明："本报此前因采访不实，曾轻易地作了肯定报道。在此，谨向广大读者致歉！"

教训：

记者本人未到现场，轻信通讯员之言，在通讯员来稿上署名，导致假新闻出笼，造成恶劣影响。

如果记者想一想，从南瓜成形到变成黄色，起码要一个多月，为什么当初没有听说过？再有，那个稀奇的南瓜一边黄一边白（内文如是说），这也可以看出破绽——南瓜并非一直长在树上。

如果编辑抱着怀疑的态度，仔细审视照片，也还是可以发现破绽的。

如果多一点植物学方面的常识，这个错误也是能够发现并避免的：两种生长习性完全不同的植物，在目前的科技水平下，怎么能够"嫁接"呢？

太多的"如果"，实际上反映出人们的一种猎奇心态。世纪之交的那几年，各种稀奇古怪的新闻常常见诸报端，很是吸引读者眼球。这类新闻，往往成为人们茶余饭后的谈资，而对于其真假，却少有人去较真，甚至还出现了一些伪科学的报道。

陈朝阳／绘

蹚跶泥石流　夜班辨真伪

2007年7月26日晚,《南国早报》社会新闻中心一名记者将一篇与梧州市某单位通讯员合署名字的稿件,直接传给区域新闻中心处理,稿件主要内容是:梧州7月25日发生重大洪灾,山体滑坡1379处,倒塌房屋1195间,泥石流致13人死亡,26人受伤。

区域新闻中心值班主任审稿后,觉得如此重大的灾情编前会却没有通报,遂产生怀疑,马上打电话给记者核实。记者咬定确有此事。值班主任仍有怀疑,即向值班副总编请示。值班副总编向总编辑通报,总编辑也认为近日无雨,灾情发生的可能性很小,同意慎重处理。

值班副总编立即向梧州市有关方面负责人核实灾情的真伪。对方表示此事子虚乌有。此稿遂被压下,避免了一场重大责任事故。

后经查实,此稿是2006年6月10日曾在早报刊发过的一篇稿件,标题为《紧急行动:凌晨水上大搜救》,作者即为该记者与通讯员。

为辨明真伪,7月27日,早报派两人前往梧州调查。通讯员否认曾向该记者投过此稿,并列出了多个证据。而记者表示,"稿件是通讯员稀里糊涂发给我的,我又稀里糊涂地交了稿"。他强调稿件确实是通讯员发给他的,但是"邮箱里的稿件后来突然不见了"。由于记者不能提供通讯员发来的电子邮件,早报认为该记者涉嫌恶意造假。

教训:

这则重大虚假新闻,虽然被堵住了,但很值得反思。

首先,就算是通讯员真的传了稿件给记者,但对于如此重大的自然灾害,记者只是在通讯员的稿件上加上自己的名字,并未进行采访与核实,这显然有违记者的基本职业要求。

其次,如果真有如此重大的自然灾害,电视、广播及网络应当在当天(7

月 25 日）有所反映，早报新闻热线也不会一无所知。大家在 26 日白天都没有听说梧州发生重大自然灾害，怎么可能在晚上突然出了这么一个爆炸性新闻？

再次，记者未按规定程序上传稿件。按早报规定，记者只能将稿件传给本中心的值班主任，如果该稿件要转给其他中心编发的，也是由本中心值班主任审阅后再传给有关的中心值班主任。而该记者作为社会新闻中心的记者，却直接将稿件传给区域新闻中心值班主任，明显违背了传稿的程序。

陈朝阳／绘

来信未核实　报社赔三千

2006年1月13日,《南国早报》第34版"市民之声"刊登一读者来信《这家粉店"亏本"经营?》,署名为"南宁市民黄先生"。

该文说,在南宁南铁北四区有间粉店(无字号),生意特别兴旺,无论肉粉、杂粉、老友粉、叉烧粉、干捞粉、牛腩粉等,一律2元一碗。不管你吃二两、三两甚至四两,同样是2元一碗,使不少同行甘拜下风。按正常的成本计算,像他这样经营只有一个"亏"字。

该文在算了各项成本之后,指出该店用的是私宰肉,每个消毒碗都反复使用三四次,"我估计他们将用过的碗拿到厨房里趁人少,或没有人的时候,再用抹布抹一下,然后马上装粉摆好。这个老板的心真够黑的了,每天少用200多个消毒碗,少开支30多元钱左右,连水费都节约,只此一项,每月赚取的黑心钱就有上千元。"

该文见报后,该粉店老板说这是同行诬陷他,报社没有派记者去调查就刊登出来,对他的生意、名誉造成了影响。他多次到报社讨说法。由于这封来信未经编辑核实,报社没有证据,无以反驳,遂以编辑的名义刊文致歉。但老板并未罢休,他认为这封读者来信影响了他的生意,难以经营,以致4月份不得不将粉店以7000元的价格转让出去。他在其他地方找不到店铺经营,以致生计无着。于是他又多次来报社索赔,开价从5万元、3万元降到6000元。相关编辑多次接待,均未能化解。

7月3日,老板挂着一个大牌子到广西日报社门口,以极端方式索赔,惊动了广西日报社领导。南国早报分管副总编出面接待,7月28日经向编前会汇报后,报社同意赔偿3000元。后经过多次磋商,老板终于同意这一赔偿方案。

教训：

读者来信内容写得很细，编辑未经核实就刊登，潜藏着极大的风险。当事的粉店老板家庭经济情况并不好，全家老小靠他一人开粉店养家，很不容易。一篇未经核实的稿件伤害了这样的人，教训深刻。同时，随着《南国早报》在读者中的影响逐渐扩大，一些别有用心之人，便把早报当"枪"使，以达到自己的某种目的。

都市类报纸要反映民声，不管是读者来信还是来电记录，都是民声。这类民声，大多都是反映问题的，具有投诉性质，编辑若不加以核实，不加辨别地"直播"，不仅可能伤害被投诉的当事人，也可能会失去新闻的真实、客观、公正。

天下文章一大抄
就看你会抄不会抄

——有感于一些记者的巧取豪夺。

（蒋钦挥 / 文、全君兰 / 绘，原载《新闻潮》2005年第8期）

"性课程改革" 乃子虚乌有

> **本报南宁讯** 本来只预计300人参加的南宁市中小学性教育课程改革讲座，竟来了近3000位老师听课！12月22日，在南宁市新城区政府礼堂举行的讲座空前爆满，使得上千名老师不得不站着听课。
>
> 22日上午，本报热线响个不停，原来是大量进不了新城区政府礼堂听讲座的老师纷纷来电。不少市郊的教师们告诉记者，他们接到通知大老远来听讲座，不料来了之后竟因礼堂爆满，有的连门都进不了。南宁市永新区一所小学的黎老师说，他当天早上6时就起床，不过8时20分赶到会场时，会议虽刚刚开始，可是已经没有座位了。到9时，各学校的教师还源源不断地来，到最后估计有1600人没有座位。整个礼堂内外黑压压站满人，许多站在外面的人什么都看不见。
>
> 到底是什么讲座吸引了这么多老师前来听讲？原来这是由市教委主办的一个关于中小学性教育课程和学校管理的讲座，专门请了这方面的专业人士来主讲。原来只要求40岁以下的学校中上层领导和骨干教师参加，预计只有300人，谁知通知下去之后，来了3000人。
>
> 下午3时后，记者又到讲座现场，虽然当天是冬至，但大批老师仍站在礼堂侧门外听课。教师们说，他们都很关注这次性课程改革。而摆在礼堂前的广西教育出版社出版的性教育课程的教材，也被老师们购买一空。

2001年12月23日，《南国早报》头版刊发了一篇题为《众教师关注性课程改革》的消息。消息称：

> 本来只预计300人参加的南宁市中小学性教育课程改革讲座，竟来了近3000位老师听课！12月22日，在南宁市新城区政府礼堂举行的讲座空前爆满，使得上千名老师不得不站着听课。
>
> ……
>
> 到底是什么讲座吸引了这么多老师前来听讲？原来这是由市教委主办的一个关于中小学性教育课程和学校管理的讲座，专门请了这方面的专业人士来主讲……
>
> 下午3时后，记者又到讲座现场，虽然当天是冬至，但大批老师仍站在礼堂侧门外听课。教师们说，他们都很关注这次性课程改革。而摆在礼堂前的广西教育出版社出版的性教育课程的教材，也被老师们购买一空。

消息见报当天上午，就有读者来电指出，南宁市教委的这次讲座内容根本不是"性教育课程改革"，而是"研究性学习"。

这篇消息的作者是一名记者和两名实习生。三个人写一篇几百字的消息，怎么还会如此离谱？总编问记者是否到现场采访了，记者回答说到了现场，现场上的横幅就是这样写的。后来来电多了，该记者也不敢这样说了，只说横幅的几个字掉了，看不全。按照内文叙述，记者应当是两次到了现场，为何还会出现基本事实不清的情况？最后调查证实，记者根本没到过现场，只是实习生到过现场。而实习生只是在会场外围看了一下，也没有进会场去看、去听，根本不清楚人家在做什么、讲什么，凭着道听途说，看见一个"性"字，就想当然地认为是"性教育"。

主办单位对这样的曲解很有意见。12月25日，《南国早报》在头版发了一篇解释性报道《"研究性学习"课程在邕受欢迎》，对这次教研活动进行正确报道。同时，还一并刊登更正："本报12月23日刊登的《众教师关注性课程改革》一文，内容严重失实，其中'性课程改革'应为'研究性学习'，当日的讲座报告主题是《让教师走进研究性学习》。对此，本报特向读者及有关部门深致歉意。"

教训：

这则颠倒黑白的失实新闻，由于连最基本的事实都没有弄清楚，刊发当日，置疑电话不断，早报颜面大失，可谓教训深刻。

首先，在2001年，连大学都还没有开设性教育课程，怎么可能在中小学开设性教育课程，而且还搞那么大规模的教研活动？如果记者多想想，多问问实习生，就可能会发现疑点。

其次，记者事先应向实习生交代清楚，到现场后一定要认真看、认真听、认真记，不能道听途说想当然，更不能为了抢"读者眼球"而去编造。对所采访的内容一定要理解。也许，实习生到现场后，把"研究性学习"理解为"研究""性学习"，进而把"性学习"理解为"性教育"，根本不知道"研究性学习"是中学生的综合实践活动课程。从采访程序上来说，记者根本没采访活动的主办单位，否则就不会闹出这样的笑话。

再次，如果记者没有到现场，就不该在实习生的稿件上署名。记者作为实习生的指导老师，给实习生进行指导，改改稿件，把把关，不仅是分内之事，还应该以认真的态度、严谨的作风作出表率，否则就会误人子弟。

上错客车门　全文系杜撰

2007年9月6日,《南国早报》第10版刊发了记者与通讯员共同署名的稿件《上错车门:买此车票乘了彼车》。见报当天,文中当事司机来报社反映内容失实:(1)此事不是9月5日发生的,而是8月12日的事情;(2)此事不是上错车,而是一辆车坏后,由另外一辆车来接送乘客;(3)车辆不是由隆安开往广东,而是由广东开往隆安,在到达南宁坛洛时出现故障,另一辆车才从隆安赶往坛洛接送乘客。

经编辑部调查了解,证实了司机的说法。

据通讯员说,9月5日上午11时许,他按惯例来到坛洛治超站,问有什么新鲜材料可写新闻,一队员告诉他好像有,材料存在站里电脑的"站长信箱"。他打开后,看见了一个由治超队员韦某提供但内容不够详细的搭错车事件。当时已换班，无法找到韦某当面核实情况。另一队员告诉他，乘客说确实发生了坐错车的事，"好像就是上一班发生的"。由于当时队员也留有照片，通讯员想当然地认为就是当天（9月5日）发生的事，于是赶紧写出稿件用电子邮件传给各媒体的跑线记者。

该信息的原始记录人韦某说，该记录确实是他放进"站长信箱"的，里面记录得比较粗，但与见报的新闻叙述基本一致，可是事情是发生在8月12日。韦某表示，他们一般是当天发生的事当天记录，并传到"站长信箱"，所以一般都没有在记录上写时间。

可以说，此稿是通讯员将一个片言只语的记录，在没有经过任何核实的情况下，就"合理想象"为一个"搭错车"的新闻，并发给报社跑线记者。而跑线记者在通讯员来稿中加上自己的名字，就提交给值班主任。9月6日当天，南宁市有三家报纸刊登了这篇新闻，只是在图片选用方面各不相同。

教训：

有的通讯员为了完成任务，常会进行编造或"合理想象"。记者未经采访，就在通讯员的稿件上挂名，从职业操守上来说，是不应该的。

对于通讯员提供的稿件，有的记者的采访只是停留在"采访"通讯员上，向通讯员核实有没有这样一回事，而不是进一步采访新闻稿件中涉及的当事人。如果通讯员的采访有问题，记者也就跟着出问题了。

记者采访通讯员，实际上是"记者采访记者"，不是真正的采访。有的记者把与通讯员的联系当成采访，把通联工作当成新闻采访，这是对新闻采访工作的误解。

依赖通讯员　旧事变新闻

　　2004年2月6日,《南国早报》第14版刊发了《投保后患病做手术,保险公司不愿理赔(眉题)/投保人二上公堂领赔款(主题)》。该文讲的是:钦州市一居民向当地一家保险公司投保了重大疾病终身险,不料,当这位居民真的出现了重大疾病后,保险公司却不认账了。经过法院二审判决,保险公司最终在2004年春节前把赔款送给了保户。然而,这个看起来有板有眼的事情,却是一篇虚假报道。

　　这篇报道是记者与通讯员共同署名的。经查,该通讯员是钦州市某单位负责信息方面的干部。他所写的事情是两年前的事情,为了增强所谓时效性,他把两年前的一起保险索赔案件,"移花接木"到2004年,写成"新闻稿件"。记者收到稿件后,未进行任何核实,就以两人的名义发了稿。

　　文章见报后,广西保险行业协会来函指出报道的虚假性。早报专门复函说明,并向保险公司致歉。

教训:

　　通讯员为报社提供了大量信息,但有的通讯员为了完成任务,弄虚作假,移花接木。记者未加核实就贸然署上自己的名字,以致假新闻见诸报端,损害了报社形象,损害了媒体公信力。有的记者过分依赖通讯员,只要收到通讯员的来稿,即使自己没付出劳动也加上自己的名字(有时是通讯员来稿时就加上了记者的名,但记者也不删除)。这种作风要不得,所谓"久走夜路必撞鬼",早晚是会出事的。

小稿伤同行　调查还真相

2009年6月27日，《南国早报》刊发的《这个"记者"从哪里冒出来》一文，是一篇由宁明县读者黄先生口述、热线接线员整理的小稿，相当于一则"读者来电"。全文如下：

　　两个月前，我在宁明县天西华侨农场新村自家的地皮修建房子。当时，一起建房子的还有两个邻居，而我们使用的都是崇左当地生产的××水泥。

　　房子修建后，我们均发现楼面的水泥板严重爆裂、漏水，根本无法居住。为此，我们向厂家反映此事。

　　经过宁明县有关部门的检验，结果证明该品牌水泥没有问题。我们觉得这事有蹊跷，就向有关部门反映。其间，我曾拨打×××报电话，希望向媒体求助。

　　前几天，有一个自称是×××报记者"冯锋"的人拿着照相机前去现场拍摄、采访。之前，"冯锋"说无论采访成功与否，我们每人都得给他2000元的报酬，还要从赔偿款中收取30%的好处。为了讨到一个说法，我们同意了。当时，"冯锋"采访的时候，只有我的邻居黄先生在场。"冯锋"简单地拍摄楼面的天花板之后，就去了××水泥厂。

　　次日，该水泥厂通知我们3人一起到厂里协商此事，并赔偿每一户6000元。事后，"冯锋"向我们每人拿了将近3000元，其中包括吃饭、住宿、加油等。虽然事情得到了解决，但我越想越不对劲，觉得这个"冯锋"的身份很值得怀疑。

　　尽管"冯锋"持有"记者证"和名片，但他没有留下任何联系方式。事后，我到报社查询，发现并没有"冯锋"此人。

　　此外，我们家楼面水泥板漏水的问题，至今还没有得到解决。一遇到雨天，房子里也跟着下雨，这让我们不知如何是好。

文中的"×××报",原文为"广西日报",见报的"×××"是编辑进行技术处理的结果。《南国早报》是广西日报社的子报,编辑查了广西日报社的相关名单,没有"冯锋"这个人,就认为这是一个假记者,并认为只有假记者才会有此等行为,也就没有再深入核实,甚至连"持有'记者证'和名片,但他没有留下任何联系方式"这个不合常理的叙述也放过了。

此文见报后,编辑部接到中新社广西分社记者冯锋的电话,才知道确有冯锋其人。冯锋曾经采访过农民建房的水泥质量问题,但因水泥经检验没有质量问题,他没有写稿,更没有收农民的钱。这篇报道因为涉及中新社记者的声誉,中新社广西分社也要求早报澄清。

编辑部随后派记者到宁明县调查,得知打电话给早报反映情况的黄先生只是三个当事农民之一。黄先生没有见过冯锋,的确没有冯锋的联系方式,而收钱的人是另一个姓李的农民。李姓农民认为,他为水泥之事跑上跑下,花了不少差旅费,便假借记者之名向另两户建房者各收了2800元。记者的调查情况以《一则读者投诉的调查》为题,于7月1日在《南国早报》见报,对事件进行了澄清。调查情况见报当天,李姓农民退还另两户各2500元。编辑部还专门致函中新社广西分社进行说明及道歉。

教训:

《这个"记者"从哪里冒出来》一文,涉及对媒体记者职业道德的监督。如果反映的问题属实,记者肯定要被处理。然而,编辑未经深入核实就刊发报道,伤害了同行。退一步说,就算编辑怀疑那是一个假记者,在没有经过有关单位查证的情况下,也不该直接点名,而应用"冯某"之类的化名。

饼干能燃烧　为何成新闻

2000年12月6日,《南国早报》在头版刊发了一个图片新闻,题为《"熊熊燃烧"的饼干》,说明如下:

  图中"烧"得很旺的并非什么易燃物,而是人们食用的奶盐苏打饼干。昨天晚上,南宁市的粟先生在记者的面前,将当天中午从某一超市买来的,包装袋上标有广东某公司生产的饼干用打火机一点,便很快着火。火焰越烧越旺,并冒出浓浓的黑烟,发出一股难闻的怪味,还滴下似"油"的液体。一会儿,两片饼干烧成了如炭的焦烬。目前,南宁防疫站检验所的同志对此也非常感兴趣,已将此饼干拿去化验。

记者在原文中还认为，这个能着火燃烧的饼干有问题，是"有毒饼干"，好在这个"结论"被夜班编辑删掉了。有关部门接到记者"举报"后，很是负责，表示要化验，当然最后也没验出什么结果来。

这个图片新闻见报当天，编前会评报时，总编辑认为饼干点燃冒黑烟，是很正常的事，这是记者少见多怪。恰巧，当时照排的女同志正在吃饼干，遂拿了半块饼干，在编前会上点火试验，结果那块饼干着火并冒出了黑烟。

教训：

饼干是面粉做的，可以点燃；饼干内含油脂，冒黑烟也就不稀奇了。当场试验果真如此。记者少见多怪，还以为是"毒饼"，更是耸人听闻了。

试验结果并不说明那饼干一定没问题，但至少不能只凭它能点燃冒烟等就武断地说是"毒饼"。那饼干有没有问题，是不是有毒，应当经过专业部门检测后才能下结论。

多年以后，广东市场上出现一种真正的"毒饼干"，那是一点火就着。经专业部门检验，那饼干上喷有石蜡，不法商家以此来延长饼干的保质期。而我们的记者没有将饼干送有关部门检验，单凭"着火冒烟"就妄下结论，没有科学依据。

后来还有一篇《花生泡水呈现红色》的稿件，记者认为这种能泡出"红水"的花生是"毒花生"。事实上，红衣花生米泡水一段时间，水会呈红色。这些本是常识，而一些记者社会阅历少，农科知识有限，将之当成了"新闻"。这篇关于毒花生的稿件，在编前会上就被堵住了——没有闹笑话。

近几年，新闻热线还接到一些读者反映，说买了黑糯米回家，淘米时发现米水是黑的，遂怀疑黑糯米是染料染的；买了红米回家煮粥，发现米汤是红的，就说那红米有问题。老百姓关心食品安全，这是好事，但这些报料所描述的情况，并不能说明食品有问题。处理这类题材，一定要与有关部门沟通，要有科学依据。

自己写自己　公正怎保证

2006年10月12日，《南国早报》第35版"市民之声"刊登了《机主投诉"开通服务"》一文。该文的主要内容为：一手机机主阿华在自己不知情的情况下，被通信公司开通了来电提醒和GPRS网服务，并被收取了费用。入网时，通信公司承诺免费赠送四个月的彩铃，可后来也被收取了两个月的费用。而机主投诉三四天了，还未得到明确答复。

这篇消费类投诉稿件的刊登，引起通信公司的异议，说报道不实。不实在哪里呢？经查，文中的当事人阿华就是记者本人，一人充当了两个角色——既是记者，又是当事人，而文中还用了"阿华告诉记者"这样的表述，有违新闻的真实性与客观性。

教训：

个别记者遇到不顺心的事情，就想动用手中的这点小小权力，写个稿件给相关单位施压。自己写自己的事情，很难保证新闻的客观性。新闻记者是需要避嫌的，就算自己遭遇某件事情值得进行舆论监督，也要经过值班主任或编前会同意，由其他记者去采访，这样才能做到客观、公正。

"听说死了人" 根本没证据

2005年10月28日,《南国早报》第10版刊发了《挖出赌博"金三角"内幕》一文。这是一篇调查稿件,主要内容是南宁市西乡塘区一个城中村,每天参赌的村民不下1000人,被人称为南宁市的赌博"金三角"。这篇报道出来后,引起了西乡塘区党委政府的高度重视,一场整治赌博的专项工作也随之展开。

应该说,这篇报道起到了很好的社会效果,但文中有两个关于"死人"的情节,受到警方的质疑。这两个情节如下:

(1)据了解,2005年有一位经常在友爱路赌台坐庄的男子在赌博时,因手气差,旁边一小孩还在使劲对着他叫"溺死"(赌场行话)。后来,这位男子又果真输了几万元,一气之下,他竟然使劲掐住小孩脖子,小孩接不上气就死了。

(2)2005年初,几个黑龙江的年轻人公开要求一位村民的妻子帮他们洗牌,还打伤了这位村民。事后,这位村民的亲戚不服气,找他们报了仇。就在这伙人被打后,晚上在大树脚附近吃夜宵时,无故杀死了两个人。

这两个情节涉及命案。公安部门非常重视,要求记者提供命案的证据或线索,便于警方破案。然而,记者也只是"听说",哪来的证据?

教训:

赌博害人,这是大家都知道的,但因赌博而发生命案,那就是非同一般了。对于文中所写的命案,记者既没有亲眼所见,又没有采访到死者亲属和警方,就贸然见报,这会带来一些负面影响。比较稳妥的做法是,只要涉及刑事案件,一定要采访警方,千万不能道听途说。

还有一点必须强调的是:记者千万不能给所采访的事件定性。给某个事件定性、定责，那是相关职能部门的事情。记者妄下断语，可能与事实不符，引起不必要的负面影响。就拿交通事故来说，曾有记者对一起交通事故下了断语，认为车速过快，责任在车主一方，而警方最后的鉴定结果是车速在规定的限速之内。受害人家属就拿着报纸去找交警，造成交警工作被动。

道听途说损害的不仅是记者的声誉，更损害了报纸的公信力。记者写文章，要实实在在，有根有据，这是新闻工作的一条基本原则。

赌球有"黑爪" 究竟在何处

2005年4月25日,《南国早报》刊发通讯《赌球黑爪伸向大中专学生》。通讯的大致内容为:在周边大中专院校众多的南宁市××小区,居然有社会上的闲杂人员指使个别学生租房坐庄,将手伸进宁静的校园,拉在校大中专学生进行非法赌球活动,让不少受害的学生欲哭无泪。

文章一开始就点明了具体地点:在××小区×栋×楼,有一个专门瞄准在校大中专学生的地下非法赌球窝点,生意"火爆",坐庄者竟然是被社会上的闲杂人员指使的在校生。文章的情节写得十分具体、生动。

该文见报后,引起南宁警方的重视。警方欲进行调查,但就是找不到文中所说的那套房子,便到报社来找记者核实,而记者却不能提供这套房子的准确位置。

教训:

这是一篇长达3000多字的通讯。在文章的结尾,记者"真心希望警方能尽快端掉校园周边这些害人的赌窝",但当警方真正介入了解时,记者却不能提供准确地点。因此,这个"赌窝"是否存在,记者是否实地采访,文中情节的描述是否真实,连记者都不能自圆其说。

虚假是新闻工作的大敌。有的记者对此认识不足,自己没有采访线索,就捕风捉影想当然,甚至虚构现场和情节,抛出所谓的"猛料",这违背了新闻真实性的原则,违背了新闻工作者的职业道德。

借条或有假　债务却是真

2007年10月30日,《南国早报》第16版刊发了《串通他人造假债 "赔"了夫人又折兵》一文,主要内容是:两口子离婚时,男方拿出借款总额共5万多元的三张借条,说是夫妻共同债务,要女方一起承担。三名出借人也向法院起诉要求男方还钱。连环官司打到法院,经司法鉴定,三张借条确实是男方所写,但借款时间与借条上的落款时间有差异,短的有四个月,长的有一年。法院最后认定,单凭这些借条,无法证实男方在借条落款的时间向别人借了钱。

记者与通讯员合写的这篇报道,引起了当事人的不满:法院认为借条时间有差异,那是因为欠的是亲戚朋友的钱,当初借钱的时候都用不着借条的,是因为打官司才补的借条,所以这个时间差并不能说明他没有借钱。新闻报道的标题中,怎么能说他"串通他人造假债"呢? 欠条有"假",但债务不假。导语中还说"在司法鉴定下,男方及同盟者的图谋落空了",而欠钱的事情根本不是"图谋",报道出来后,女方在一边得意呢。此外,报道中说"面对鉴定结论,陈某等三名原告当庭改口称……",事实上,借钱给他的三名原告并没有出庭,而是由代理人出庭的,他们怎么会"当庭改口"? 另外,上诉的是女方,报道却写成了男方。

对于当事人反映的这些意见,编辑、记者都没法反驳。无奈,只好以编辑、记者的名义在《南国早报》11月13日第16版予以更正:

  10月30日本报16版刊登的《串通他人造假债　"赔"了夫人又折兵》一文,标题未能准确概括文章内容,更正为《证据不够充分　债务未获认可》。内文中"在司法鉴定下,男方及同盟者的图谋落空了"一句用词不当,应改为"经过司法鉴定,债主们的请求未得到支持"。"陈某因对共有财产的处理不服,提起上诉"有误,陈某应为李某。"面对鉴定结论,陈某等三名原告当庭改口称",应为"三名原告的代理人当庭改变陈述"。特此更正。

教训：

这篇文章所写的案件是真实存在的，但在几个关键点上出了问题。从标题到内文，需要更正的内容多达五处，"更正"更是长达190多字。这既有记者的原因，也有编辑的原因。记者原稿中有两处差错：把上诉人搞混了，女方错成男方；债务官司的原告未出庭，却说原告"当庭改口"。这是采访不扎实，对案情的理解不透彻导致的。而编辑在提炼导语和制作标题时，加上了个人的主观臆断，影响了新闻的客观性和准确性。

采访副校长　错成"李校长"

2007年9月1日,《南国早报》第4版刊发《毕业生被迫为"下届"教师节送礼?》一文,大致内容是:南宁市某校学生,7月6日就已毕业离校,但班主任却扣取了他们1500元的班费,作为下学期购买教师节礼物之用。其他几个毕业班也有这种现象,都被强行扣留1500元班费购买教师节礼物。同学们意见很大。

这种事情明显不合理,学生都毕业离校了,怎么还被强扣班费,用以购买下学期的教师节礼物呢?就算学生有心在教师节感恩,那也应当出于自愿。实习生采访了班主任,还采访了校领导"李校长"。"李校长称,学校对此事并不知情,应该是班主任私自决定的。李校长表示,会尽快调查清楚,如果确有此事的话,会将钱退还给学生。"

这篇稿件的事实部分没有问题,问题出在采访对象的身份上。该文见报后,该校的李校长致电早报,说自己没有接受过任何采访,怎么报道中有"李校长表示"的内容?

是不是实习生胡乱编造的呢?经查,该校的校长姓李,一名副校长也姓李。作者采访的是李副校长,但在行文时按口头的习惯称为"李校长",这就引起了李校长的异议。

教训:

新闻采访,一定要问清楚当事人的身份。经查,在这篇稿件的采访中,实习生是电话采访的。她联系校办时,校办接电话的人说让找"李校长",并让"李校长"来接电话,她就以为对方就是校长了,没有细加核实。同时,学校就在市区内,实习生却不到实地采访,只是打电话,采访作风不踏实。如果能直接去学校采访,相信就不会把"副校长"错成"校长"了。

帮人讨工资　误伤第三方

2009年8月31日,《南国早报》第17版"市民之声·追薪连线"栏目刊发了《工钱被欠五个月（主题）/答复：正在积极处理（副题）》的电话追踪稿。这是一条帮人讨薪的稿件,记者电话采访了欠薪的公司,不料另一家公司认为报道不符合事实。该稿件的内容大致如下：

陈先生反映,他是防城港市华隆建筑公司的施工员。2008年9月,被安排到东兴市珠宝花鸟市场工程项目部工作。该工程如今还没完工,但从2009年3月开始,公司就一直没给员工们发工资。

记者电话连线防城港市华隆建筑公司项目部负责人。该负责人说,以前,是因为开发商——中兴市冠峰房地产开发有限公司在施工的过程中,一直不兑现承诺,不及时支付工程款给他们,使得他们至今已经垫付了850万元（这其中包括工人们的工钱）工程款。不过,防城港市政

府有关部门将在8月31日出面协调解决工程款的问题。到时候，如果开发商能支付所拖欠的工程款，工人们的工钱就会解决。

稿件见报后，9月1日，报社就接到开发商冠峰公司办公室主任魏女士的电话。她称，华隆建筑公司项目部负责人所说的情况，是不符合事实的，报社不应该在没有采访他们公司的情况下，把他们公司牵扯进这起劳资纠纷中去。所谓建筑公司垫资850万元，不属实。实际情况是，该建筑公司没有资金实力，向开发商借钱，现在反欠开发商的钱。开发商要求该建筑公司退场，对方赖着不退场，还闹事，致使工程未能按期完工。东兴市政府也正在协调此事。另外，记者把开发商的名称也搞错了，"中兴市"应为"东兴市"。魏女士认为，报纸刊登华隆建筑公司项目部负责人的一面之词，影响了冠峰公司的形象，希望早报澄清此事。

经过另一名记者多方核实之后，证明冠峰公司所说的情况属实。《南国早报》9月9日第26版"市民之声·追薪连线"栏目刊发报道，澄清"冠峰公司不存在拖欠工程款"的事实。

教训：

拖欠工资是建筑公司的事情，而建筑公司把责任推给开发商。记者采写稿件时，说开发商拖欠工程款，却没有采访开发商，只是片面地听信建筑公司的说法，这就犯了偏听偏信的错误。

在报社处理的各种新闻纠纷中，偏听偏信导致的纠纷占有不小的比例。归根结底，还是采访程序的问题：引用采访对象的话陈述新闻事实时，记者要向当事人进行采访、核实。新闻报道少了这个环节，可能就会失实，可能就会伤害无辜者，那就有违新闻报道的初衷了。

他人有纠纷　记者被卷入

2005年11月8日,《南国早报》第35版"市民之声·热线追踪"栏目刊发了一则追踪稿,标题为《毕业证拿不到真急(主题)/已派人前往电大领取(副题)》。在这则稿件中,宾阳县某校的黄老师反映,因为该校前任校长在职期间拖欠广西电大40多万元,导致该校在广西电大学习的老师都无法得到毕业证。很多老师想申报职称,却因为无法得到毕业证申报不了。

记者对这所学校进行了电话采访,一名李姓工作人员(自称是办公室主任)答复:该校现在已经筹集了一部分钱准备还给广西电大。通过协商,广西电大同意给这些老师发放毕业证。

这篇稿件引起事端。文中提到前任校长任职期间欠广西电大40万元的事,前任校长吴某认为侵犯了他的名誉权,因为他任职期间,学校没有欠40万元,只欠了16万元。他曾经几次来报社,要求精神赔偿、赔礼道歉。热线部主任多次接待、沟通。最后报社同意在报纸上做更正说明。更正说明的内容给对方看过后,过了几天他又反悔了。在协商该问题时,现任校长也几次来南宁,配合报社做协调工作。

随后,报社另派一名记者前往宾阳县了解得知,前任校长于2003年3月正式离任,现任校长蒙某则于同年6月上任,该校有三个多月的"空档期"。对于两任校长交接中的有关情况,有关部门当时正在调查。

由于记者、编辑对这些背景都不了解,无形中被卷入了纠纷中。

教训:

记者听信了反映问题的黄老师的一面之词,将"前任校长拖欠40多万元"的内容原样登了出来。而究竟前任校长是否欠钱,实际欠多少,记者并没有追问,更没有采访前任校长。要知道,如果前任校长真的拖欠了40多万元,那就涉及违法违纪的问题了,有关部门是要追究责任的。

对读者反映的问题，记者在采访时，要先作出一个性质判断：这件事是个案，还是带有普遍性；是个人遭遇，还是关乎大众；是一般的民事纠纷，还是涉及违法违纪；是违法问题，还是违纪问题……有了这个基本判断，采访时就能更好地把握尺度，就能视情况选择不同的采访程序和采访方式。有些事情可以用电话采访，有些事情则必须当面采访。

心问为什么药物没有疗效，竟发现白发科已经撤销了。

该中心刘主任答复：因为该中心发现白发科的医生向患者收取红包，而且屡禁不止，严重影响了该中心的社会形象，所以10月23日中心领导经请示上级主管部门，撤销了白发科。还在治疗中的白发、脱发患者，可以直接找他，由他安排医生继续治疗。

反馈：梁先生感谢早报急读者之所急，帮助推动解决了事情。

持发票难过收费站
需要重新办理

●**事件**：贾先生是一名跑长途的快巴司机，他驾驶的快巴由南宁市北大客运站发往百色田阳方向，每月快巴都要买公路收费站的月票。今年11月3日，由于月票被小偷偷走了，他就向西乡塘公路收费站出示了购买月票的发票，但是该公路收费站不给通过，要его重新买540元的月票。现在，他所在的公司派人重新去买了月票，钱由他出。

反馈：贾先生听了如此解释后，表示理解，并将在日后小心保管好自己的月票。

毕业证拿不到真急
已派人前往电大领取

●**事件**：黄先生是宾阳县教师进修学校的老师，因为该校前任校长在职期间拖欠广西电大40多万元，导致今年宾阳县教师进修学校在广西电大学习的老师都无法得到毕业证，很多老师今年想申报职称，却因为无法得到毕业证申请不了。

宾阳县教师进修学校一位李姓工作人员答复：该校现在已经筹集了一部分钱准备还给广西电大。通过协商，广西电大同意给今年宾阳县教师进修学校的老师发放毕业证。11月7日下午，该校将派人去广西电大领取毕业证。

反馈：事情有了眉目，黄先生代表宾阳县教师进修学校的老师向早报表示感谢。

新规不了解　交警被冤枉

2006年2月20日,《南国早报》第10版刊登了《"交警给我开了张没盖公章的罚款收据"》一文。报道中说,车主余某因驾驶室前排超载一人,被当场罚款500元,而交警开出的"处罚决定书"上,却只盖有一个执法单位的公章,不见执法者的签名或私章,且"罚款收据"上甚至连执法单位公章也没加盖。

该文见报后,河池市交警部门高度重视。经调查,交警开出的处罚决定书及罚款收据都是符合规定的,没有不当之处。交警还将调查报告、调查笔录及有关法规、文件送到报社来让编辑部核实。经过与交警部门协商,早报决定以"来函照登"的形式进行更正。

稿件错在哪里呢?看看《南国早报》2006年3月4日第8版刊登的"来函照登"就知道了。

南国早报:

贵报2月20日第10版《"交警给我开了张没盖公章的罚款收据"》一文见报后,经我大队调查并请示自治区交警总队法制科,文中提及的"公安交通管理行政处罚决定书"是交安法实施后上级公安机关统一印制的，符合规范，不用交警签名；按照交安法关于罚缴分离的规定，罚款收据上不需要加盖交警部门的公章，只需盖有收款单位（银行）的公章即可。此外，文中的"执法单位"应为"执罚单位"。特此说明。

河池市公安局交警支队金城江大队
2006 年 3 月 2 日

教训：

这篇稿件的不足之处有二：

第一，在新闻稿件中，记者听信了当事人的叙述，对于金城江交警大队和河池市交警支队，只是电话采访。这种电话采访，接电话的人不一定是"专业人员"，又没能看到投诉者提供的"证据"，是很难作出准确回答的。采访中，记者并没有采访到具体执罚的交警。

第二，交安法实施后，处罚决定书的格式及处罚方式发生了变化，而记者并不了解这种变化和相应规定，以致作出了错误判断。交警将相关文件送到报社时，我们注意到，旧的"处罚决定书"上有"交通警察"一栏，而对当事人余某使用的新版"行政处罚决定书"上，没有"交警姓名"或"交警签字"之类的栏目。旧版的"罚没款收据"上有"执罚单位（加盖公章才有效）"的字样；新版的"罚没款收据"，按河池市公安局交警支队《关于进一步规范道路交通违法处理程序的紧急通知》规定，所有农行的《广西壮族自治区罚没款收据》左下角"执罚单位"处必须是"××农行代收交通罚没款专用章"，而不能盖"××交通警察大队"公章……否则不能体现罚缴分离，属违法行为。

因此，交警开出的处罚决定书和收据都没有问题。

写"自杀告示" 引自杀威胁

2003年12月20日,《南国早报》刊登《街头惊现"自杀告示"(主题)/一女子为泄愤出"损招"(副题)》,这是一名见习记者采写的消息,大致内容为:有人在南宁江南区西二里某单位宿舍大院贴了个"自杀告示",告示上面写着"我要自杀……我的死与×××无关"等字句。就在记者赶到前两分钟,警察刚刚把告示揭走。记者从有关部门了解到,贴"自杀告示"的女子估计是想泄愤。该消息见报后,当事人反应强烈,要求报社给她个交代,并称因为这篇报道要自杀。

问题出在哪里呢?出在消息的第三段:"院里的居民钟先生说,贴'告示'的女子经常在西二里出现。他还听过该女子说,她平时经常和丈夫闹矛盾,有好几次她开了煤气罐想要自杀呢,告示上的'×××'就是她丈夫的名字。"当事女子说,这一段让人以为她跟前夫还没有离婚,事实上他们已经离婚了。同时,她对标题中"损招"一词大为不满。

最后,记者随中心领导去当事人家中安抚、道歉,并于21日刊登记者署名更正:

> 本报12月20日4版刊发的《街头惊现"自杀告示"》,部分事实与实际情况不符,文中"丈夫"应为"前夫","损招"一词带贬义等,给当事人带来了负面影响。特此更正并向当事人致歉。

教训:

纠纷虽然平息了,教训却是深刻的。记者把钟先生说的话当成"铁板事实",未进行核实,何况钟先生还是听"该女子"说的呢,结果把"前夫"错成"丈夫"。该记者后来总结道:"懒惰是记者的大敌。文章中所表述之细节绝大多数都与事实相符,但是没有向当事人核实。回来写稿时也懒得再跑一趟,就根据告示上的字面意思,以为这名妇女还没有和其丈夫离婚。作为记者,懒惰不得。这一分钟的慵懒,往往就埋下了天大隐患。"

"难过东门关" 采访不过关

2004年3月5日,《南国早报》刊登了《不吃饭,难过东门关》一文。大致内容是在扶绥县东门镇,长途客车乘客"被消费",有一个餐馆强买强卖,殴打旅客。然而,这篇报道最后把早报弄得很"难过"。

为采写该稿,两名记者专门到东门镇住了五天,并认真观察了该餐馆接待旅客的情况,发现该餐馆不仅饭菜价格贵,而且有谩骂旅客的行为。所有在这里停靠的客车,必须拿到饭店盖章的路单,才能继续上路,回到公司(车站)后才能排班。"盖章后的单子"是运管部门监督司机休息的凭证。与此同时,记者也采访了运输公司、运管部门等。

文章见报后,扶绥县传来一份公函,称该报道严重失实,要求报社澄清事实真相。此文不仅引起了扶绥县政府和东门镇政府的异议,就连餐馆也要状告报社。收到法院送来的传票,面对店主起诉书上提到的大量细节,记者却拿不出证据(采访时没有录音录像),只得再次到东门搜集证据。但是,当记者再次到东门这家餐馆时,却再也见不到以往的情景。

面对新闻官司,记者对报道内容再进行核实检查,原来是将相关部门的文件曲解了,把"强制长途客车司机休息"与"强迫乘客消费"等同了起来。

这起新闻纠纷,经过报社领导的努力协调,花了两个多月时间才平息。

饭店最终撤诉，但仍要求报社进行澄清。最后，早报在6月1日第2版以"来函照登"的形式让餐馆"说话"："贵报2004年3月5日第一版刊登《不吃饭，难过东门关》的报道与事实有出入。我店营业证照齐全，并与吉通公司龙州分公司签有协议，定为该公司长途客车驾驶员休息点，旅客吃饭、休息自便。"

教训：

虽然这起官司最终化解了，但给记者的教训很深刻。

第一，新闻需要细节，但这篇报道被对方抓住的把柄之一就是细节太细，且没有证据。例如，在描述餐馆的饭菜时，说"颜色较黄的青菜，灰黑色的鸡爪"，"这哪里是人吃的菜啊"，等等。而记者又没有物证，以致对方状告报社时，毫无还手之力。其中一名记者后来总结说："写批评报道时，细节性的东西千万不能写得太细，往往许多细节性的东西在没有强有力证据的支持下，是很容易被推翻的。"

第二，涉及政策性问题时，必须弄清楚文件出台的背景和政策的本义，不能断章取义，更不能曲解。当地运管部门要求客车司机中途休息，本来是为了防止疲劳驾驶，为交通安全着想，但记者对这个背景不很了解，稿件中也没有交代清楚，让人以为是有关部门与餐馆联手强迫乘客定点消费。这样一来，自然引起当地有关部门及餐馆不满。

"租金有猫腻" 数字出问题

2005年4月15日,《南国早报》第8版刊登《50亩地年租金仅2万(主题)/村民认为低价租金背后有猫腻(副题)》一文。这是记者采写的消息,大致内容如下:

4月4日,南宁市江南区淡村村民发现,属于集体所有的近50亩土地被村委在去年8月以每年2万元的低价出租给一所驾校。大部分村民认为,按照以往惯例,村里一些地处偏僻的土地都能以每平方米8元的价格出租，50亩地租金起码要20多万。如此低价出租，令人生疑。

村民天天来讨说法，使驾校难以开展业务。驾校为整平这块土地，已经进行了一笔较大的投资，而今被夹在村民与村委之间左右为难。

淡村村委会主任刘某认为，村委作决定不可能事事征求群众的意见，"那样会办不成事"，"再说了，村委对这块地是只租非卖，等村委有条件回收后自己开发，驾校的一切设施设备就可以归集体所有"。他强调，年租金不会一成不变，而是逐年递升。

该消息见报当天一大早，淡村村委会主任就打电话给记者："你写这个报道太不负责任了，为什么把我的解释轻描淡写，只保留一点不痛不痒的内容？再则，50亩土地是哪里来的？最多也就20来亩。你必须得给我解释清楚！"记者当即被问得哑口无言。

没过几天，村委一班人到报社讨说法。报社另外派人对此事进行调查，费尽半个月的周折，此事才算了结。

教训：

记者采访时，没有证据证实淡村村委租给驾校的土地是50亩，只是听了村民的一面之词，就用肯定的口气拟了个标题《50亩地年租金仅2万》，结果把存在争议的亩数拔高了。在采访村委主任时，村委主任也说亩数不确定，这块土地与隔壁村仍存在争议，但绝对不到50亩。而记者在写稿时，想当然地认为，既然亩数不能确定，而村民都说是50亩，就写成50亩了。对模棱两可的问题，自己都没弄清楚就匆匆下笔，结果埋下许多隐患。记者对村民的说法偏听偏信，听取村委主任的解释则不够全面，以致引起村委的异议。

采写涉及双方争议的报道，一定要注意平衡，让双方能充分表达意见。如果"此重彼轻"，就显得不够公正，容易引起当事人不满。有些记者对此没有充分认识，在写投诉者的意见时，写得很细，内容丰富；而写被投诉者的意见时，只有三两句话，这就有失偏颇了。

删掉"抽检地" 官司打几年

2000年5月19日,《南国早报》第31版刊登消息《广西葡萄酒质量有点悬》。这篇不足两百字的短消息,引发了一场索赔金额高达千万元的官司。

消息的主要内容为:广西质量技术监督局日前公布了1999年全区葡萄酒统检结果,在受检的160批次样品中,合格率为81.2%。不合格的主要指标为总糖、干浸出物及酒精度。文后以表格形式列出了14种不合格产品的"标称生产企业名称"、"产品名称"、"商标"、"不合格指标"。

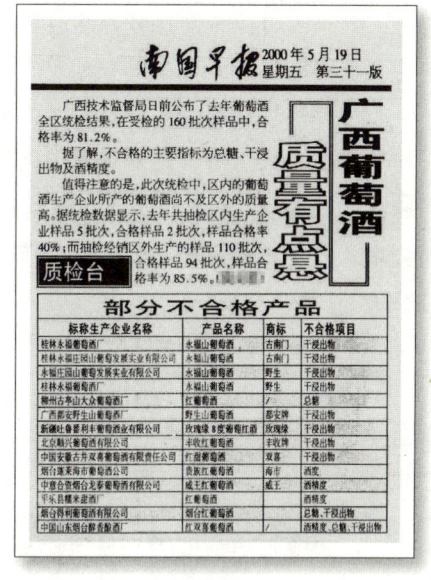

文章见报后,表格中所列的各个厂家反应强烈。经当时的经济部主任解释、出示质监部门的抽检报告后,多数厂家都认为自己的"理论"站不住脚,便直接找质监部门去了。而某葡萄酒厂认为报道存在片面性,坚持走司法程序,向报社索赔1000万元。

记者采写的稿件,没什么问题,检测报告是质监部门提供的,具有权威性。但某葡萄酒厂认为,早报在报道所附的表格中没有列出"抽检地",这样不完整的报道损害了他们的利益。

编辑在处理稿件时,由于版面所限,便将表格中"抽检地"一栏删掉了。这是对方要起诉报社的重要原因。

这起官司前后打了好几年。终审之后,报社又依法申诉,最终达成和解,原告承认新闻并未失实。

教训：

对产品质量抽检来说，抽检地和检验项目是重要内容。如果是在对厂家的抽检中发现不合格指标，那可能就是生产环节出了问题；如果是在市场上抽检发现不合格指标，那可能是流通环节或保存环境出了问题，并不能完全说明产品出厂时就一定有问题。如果不标明抽检地，信息就不全面。

就检验项目而言，有涉及产品质量本身的各种技术指标，也有包装标识不合格的情况，不能因为某一项指标不合格，就笼统地认为产品不合格。

对产品质量进行新闻报道时，一定要将抽检地、产品批次及不合格的指标讲清楚，千万不要怕麻烦，否则可能会惹出更大的麻烦。编辑在处理稿件时，增删修改，一定要慎重。编稿时图省事，可能就会惹出更多的事。

除了派出所和法庭，
我不知道到哪里找料。

——有感于一些窄路子的记者。

（蒋钦挥/文、全君兰/绘，原载《新闻潮》2005年第8期）

对方随手指　记者信为真

2004年7月,一名见习记者参与采写的关于饮食行业从业人员健康证的办理上存在漏洞的报道。文章通篇对南宁市的健康证办理、使用、查处等方面进行了切实批评。但不幸的是,记者将卫生监督所、疾病预防控制中心两个单位搞混了,将体检漏洞的账算到了卫生监督所的头上。当时记者曾询问过疾病预防控制中心一名工作人员,对方指着对面的大楼说"领导都在那边"。而"那边"是卫生监督所的办公大楼,于是记者错误地认为"问题出在那边",将批评对象写成了卫生监督所。

7月26日,文章在《南国早报》见报当天,卫生监督所即来电话,严厉地批评文章失实,质疑记者制造假新闻,证据就是记者把"疾病预防控制中心"错写为"卫生监督所"。面对这种指责,记者无话可说,只有承认错误。

教训:

稿件所反映的关于健康证办理中存在的问题,这些都是真实存在的,但这事归哪个部门管,记者却搞错了。这是采访不扎实造成的错误,说明记者对卫生系统的行业管理不清楚,也没有好好地问清楚。

舆论监督,一定要核实清楚。在此之前,有一篇记者未核实的监督稿,就引起了被监督单位的不满。

2001年,一名新记者接到一个报料者称,南宁市某婚纱摄影店向市民派发免费拍摄券,说是凭该券可到该婚纱店免费拍摄,并可以免费得到一张6寸照片,如果多要,则需按张付费。报料者带孩子去拍照后,觉得照片拍得很好,即要了好几张,还将其中一张放大,但最后这张放大的照片让报料者很不满意。后来又两次重晒这张照片,但不是颜色不行,就是"黑乎乎"一片。他认为婚纱摄影店有欺骗消费者之嫌。新记者写稿心急,在没与报料者见面,没有对照片进行核实的情况下,就根据报料者的描述,草率地写下了

《优惠券"玩"人》一稿。虽然报道中没有点出婚纱摄影店的名字，但是，见报当天下午，该婚纱店老板和摄影师还是找上门来，因为该路段只有这一家婚纱店发放优惠券。

最后经核实，发现该文确有三处错误：一是时间错误，报料者本人记错了时间，记者未核实；二是报料者说摄影店给的是5寸照片，实则是6寸的；三是没有到现场核实，就草草地写出放大照片"黑乎乎"一片，违背事实。婚纱店认为这给该店造成了负面影响，要求记者澄清。记者费了不少口舌与对方沟通，表示歉意，对方才没再追究。

细节未求证　写错报警人

2008年7月15日,《南国早报》第7版刊发《南宁一派出所里发生"抢人"闹剧》一文。主要内容如下:

南宁市民阿丽在2004年3月至5月间,与干儿子先后三次将总共37万元汇到了覃某的银行账户,让覃某处理一些事。谁知几年过去了,覃某没有践诺。阿丽等人多方找他追讨未果。

2008年7月14日上午,阿丽等人找到了覃某家。当时见覃某正好在家,阿丽等人立即拨打110报警。南宁市公安局新城派出所民警将双方带到派出所调查。

覃某在接受民警调查时,声称这37万元不在他的手上,是阿丽欠他的朋友利某的,只是存到他的账户后再由利某拿走而已。

当日下午5时34分,守候在派出所大门附近已久的多名不明身份的男子,突然一起涌进派出所值班室,硬是将覃某带出了派出所。派出所的民警追了出来,要求覃某先回到派出所,并警告那些不明身份的男子,"不要再乱来"。

该文见报后,文中当事人覃某认为,此报道有失实之处,要求澄清。报社对此非常重视,指派专人调查核实。覃某说,首先,"是我报的警,好人报的警,怎么(报道中)变成她(指文中另一当事人阿丽)报的警?"其次,"明明是我做完笔录后,派出所让我走的,但阿丽一方不让我走,是对方抢我"。

经核实,的确是覃某报的警。记者听阿丽说报警,就以为是阿丽一方报的警。此系记者未核实而导致的错误。

关于谁抢人的问题,派出所民警说,当时双方都各有十几个人来到派出所,警方对双方都作了警告。

当事双方的经济纠纷较为复杂。早报派人与覃某经过多次沟通。8月19日,《南国早报》刊登了记者署名的"更正"。

教训：

总结这起新闻纠纷的教训，有两点是必须记取的。

第一，仍然存在一个采访程序的问题。在处理此事的过程中，覃某对当事记者说："那天我在派出所见到你了，你为什么不采访我？"虽然当时采访他，他也未必会说什么，但没采访他，他就有话指责记者了。在其他一些采访中，也常会出现记者不采访相关部门的情况，记者的解释往往是，"估计对方不会接受采访，就没采访"。对方是否接受采访，不联系怎么会知道呢？况且，不管对方是否接受采访，记者都必须走这个程序，否则就是采访程序不完备。

第二，采访不够细心。记者听阿丽说报警，就习惯性地认为是阿丽一方报的警，完全没想到是覃某报的警。如果当时多问一下，再核实一下，就不会出现写错报警人的事了。

通讯写人物　错了主人名

2004年5月，南宁市公安局出入境管理处一民警，已获得公安部批准，将于5月下旬前往非洲的利比里亚，执行为期一年的联合国维和任务。他是广西第一位赴非洲国家执行国际维和任务的警察。

一位地方警察如何走上国际维和之路？《南国早报》2004年5月14日第6版"政法新闻"刊登了《广西赴非维和第一警黄绍泉》一文，这是一篇人物通讯，还配有照片及相关资料链接。作为公安部门推出的典型，南宁市的各个媒体都在同一天刊登了关于"广西赴非维和第一警"的通讯，但其他报纸报道的主人公都是"黄韶泉"，只有早报刊登的是"黄绍泉"。经查，是早报记者采访时粗心大意，记错了当事人的姓名，将"黄韶泉"错为"黄绍泉"。

教训：

作为人物通讯，搞错主人公的名字，而且从主标题开始就一错到底，这在早报是极少见的。有些记者在一篇稿件中，常常出现将人物弄混的情况；一个人的名字，前后不一。对于前后不一，有时编辑还能发现。但通篇都是一个"错误的人名"，编辑就没办法了。人物作为新闻的五要素之一，实在不该弄错。

不明当地情　化名出问题

2004年4月19日,《南国早报》第8版刊发了《迷恋声讯热线　盗打他人电话（眉题）/两"好学生"领刑一年（主题）》一文,这是记者与通讯员合作的稿件。该报道说,韦某和杨某均是"田林县某中学的高三学生",一直是老师眼中的好学生。但在2003年年底,仅在短短的一个月时间里,韦某和杨某偷接别人电话线,盗打热线,给该电话用户造成2589.8元的经济损失。2004年4月9日,经田林县人民法院审理,以盗窃罪依法判处韦某和杨某各有期徒刑一年,缓刑两年,并处罚金3000元人民币。

尽管文章中作者用了"田林县某中学"的概念,未直接点学校的名,但田林县中学很有意见,原因是:冠名田林县的中学只有一所,即田林县中学,读者都以为这两个学生是田林县中学的。事实上,这两个学生不是田林县中学的,而是田林县高中的,这是两所不同的学校。田林县中学没有高中,而文章却说两学生是"高三学生",与事实不符。

麻烦就这样来了,该校要求报社澄清。而在《南国早报》4月20日第6版,这个记者与另一个通讯员李某合作,又发了一篇稿件《因为爱他们选择了离婚（主题）/监狱里发生一桩离奇感人案（副题）》,又把两个当事人的母校写成"田林县中学",说这两个当事人（梁某和黄某）"在田林县中学读高中时分到一个班"。

两篇文章都将当事人误为"田林县中学"的学生,4月30日,《南国早报》第8版刊登了记者和通讯员署名的"致歉声明":

我们在《南国早报》发表的《迷恋声讯热线　盗打他人电话/两"好

学生"领刑一年》(4月19日第8版)及《因为爱他们选择了良婚》(4月20日第6版)两文中,误将某学校写成田林县中学,对因此给该校造成的不良影响深表歉意,并向广大读者致歉。

(注:声明中又将"离婚"错成"良婚"。)

教训:

有些新闻,在刊发时需要用化名(包括隐去单位名称),但在使用化名时,也要考虑其是否具有唯一性。在本例中,该县直接冠名"田林县"的中学只有一所,化名为"某中学"就没有实际意义了。同样,该县只有一所高中,化名为"某高中"也没有实际意义。本来记者是想避开"某高中",改为"某中学",但谁知这样一来,反而离得更远,指向了另一个毫无关系的学校,人家自然不满了。

还有另外一起"化名事件"。警方破获一起关于某经营者的诈骗案,记者采访写稿时,将嫌疑人用了化名,但这个化名是一个具体的名字,只是在这个名字后括注"化名"二字。见报当天,就有一个读者打电话来,说《南国早报》伤害了他,好几个跟他有生意往来的朋友都说他是骗子,"我的名字跟你们报纸登的化名一模一样,年龄也跟那个骗子差不多,也经营着同样的产品。生意上的朋友都说我是骗子,我有嘴也说不清"。

事情就这么巧,没想到用化名也"化"出了麻烦。早报一部门主任给这名读者出"主意":"报道中已经写清楚了,真正的骗子已经被警方抓起来了。你现在还能自由地跟大家通电话,说明你不是那个骗子。你就这样跟朋友们解释,相信他们马上就明白了。"大概这个"主意"起了作用,这个读者后来再也没联系报社。

中国人同姓同名的太多,当记者的,笔下化名也有学问。经历这次化名事件后,社会新闻中心就要求记者,需要用化名时,不要再化为"张军、李华"之类的具体名字,直接写为"张某、李某"就可以了,既省事,也不易伤害到无辜的人。涉及单位需要化名的,也不要出现这个单位的关键词,直接写"某单位某企业"就行了。拿田林县中学的上述例子来说,如果化名为"某学校",而不是"某中学",那就不会造成误解了。

本是邮政局　不料成电信

2005年11月20日,《南国早报》第5版刊发《检察官"撒网"追逃犯》一文。这篇文章是跑线记者与通讯员合作的,主要内容是:2005年初,广西三级检察机关悄然撒下了一张追逃的"天网",各级检察机关干警奔赴全国各地进行追逃,25名潜逃在外涉嫌贪污、贿赂的犯罪嫌疑人被缉拿归案。文章写了六个案例,其中"大年三十鸡笼顶上抓逃犯"这个案例讲述:"来宾市电信公司市场部业务员张文军铤而走险,挪用公款4万多元用于赌博。输光后,张文军趁检察机关调查之机慌忙外逃。"张文军被抓获后,被法院以挪用公款罪一审判处有期徒刑3年。

文章见报后,广西电信有限公司11月24日来函指出,该报道内容"严重失实。经查,我公司来宾分公司既无此人,也无此事",要求报社澄清。

27日,在《南国早报》"市民之声"版刊登了作者的署名更正:本报11月20日第5版刊发的《检察官"撒网"追逃犯》一文中,"来宾市电信公司市场部业务员张文军"应为"原来宾市邮政局营业部营业员张文军",特此更正。

看了这则更正,就知道错在哪里了,就是把邮政局错成了电信公司。

教训:

时隔几年之后,笔者编辑本书时再问记者,记者也不记得当初是如何犯下这个错误的。可以肯定的是,这些案例材料是检察机关提供的,估计是材料上就错了,而当事人张文军当时已经被判刑,记者又不可能采访到。这给我们一个提醒:即使是有关部门提供的材料也需要本着怀疑的精神再核实。就此事来说,如果记者能查阅案卷,也许就会发现材料上的差错。此外,从广西电信公司的来函中可看出,没有"来宾市电信公司"这个机构,准确表达应为"广西电信公司来宾分公司"。如果记者对电信的机构设置有所了解的话,就会提出疑问,继而进行核实,就有可能避免差错。

本属河池管　为何"搬"百色

2008年9月21日,《南国早报》第6版刊发《"盛天助学金"资助名单》一文,将多个学生的地址写成"百色市大化瑶族自治县",其中"百色市"应为"河池市"。

类似的错误,在《南国早报》2005年1月9日第4版《搭棚公开聚赌 警方重拳捣毁》一文中也曾犯过:将"兴安县"错成"兴安瑶族自治县"。经查,"瑶族自治"这四个字,是报检在校大样时加上去的,但却未告知编辑。编辑也没有核对报检的大样,未对大样上的改动进行整合。

更早一些,2003年10月17日,一名摄影记者到广西民族艺术实验学校,采访"环江县毛南族民族艺术人才班"开学典礼。回来写稿时,把河池地区的环江县"搬"到了百色地区,说"来自百色革命老区环江县毛南山乡的50名青少年特困生,身着各自的民族服装,扛着行囊,欢天喜地来到首府南宁"。10月19日,这个图片新闻在早报第2版见报后,报社接到环江县委的电话要求更正。

教训:

把河池市的大化、环江两县"搬"到百色市,这是对广西各市县地名不熟悉而导致的错误。作为在广西工作的记者、编辑,心中应当有广西的行政区划概念,对各市、县的隶属关系应当了解,对哪些县是自治县也必须了解。遇到乡镇一级的名称、隶属关系时,如果不了解的,要注意查地图进行核对。

关于地名,还有一种情况不得不说,就是对于一些特殊的地名或人名用字,或古文用字,是需要造字的。记者稿件中若涉及这类用字,就应向编辑说明,编辑要当成一个专门的程序来对待,看每一次样都要认真检查,清样前要将之当成主标题那样的"大事"来检查对待。这种用字,在广西的方言中常会碰到,如"埌东"的"埌","长堽路"的"堽","陋嘢"的"嘢"等,在清样前都容易被忽视。

一篇调查稿　差错四五处

2005年6月2日,在南宁市大沙田某小区内,一男子爬上了约40米高的塔吊,脱衣服、扔铁块、招手,上演了一出惊险闹剧,各部门展开劝说、救援。6月3日,《南国早报》对此进行了报道,而该男子直到6月3日晚上10时才下来。

后经了解,这是一起因工程结算纠纷而引发的过激行为。另有记者进行了采访，于6月4日进行后续报道《"蜘蛛人"为什么爬上塔吊？》，对这起纠纷产生的来龙去脉进行报道。

后续报道见报当天，涉及该小区建设的几家公司的负责人一起来到报社，找到总编辑，反映报道多处失实。经核实，报道中的确有几处是存在问题的：

一、文中的"建筑公司"应为"建设单位"，即开发商。

二、文中的"私人老板"应为"项目经理"。该项目是公司内部承包的，负责人是公司的"项目经理"，而不是像文中所说的那样是层层转包给"私人老板"。

三、文中所说的承包商××公司在承建的多项工程中，未及时采取有力措施，解决拖欠工程款和农民工工资问题，导致农民工采取非正常手段追讨工资，被南宁市建设局列入施工"老赖"黑名单。——这全是2004年以前的事情，而不是2005年的。

四、文章标题上说"工程未结算"，但记者在内文中却写"按结算多付了77.8万元"，明显自相矛盾。

五、文中有些话不是当事人说的，而是别人转述的，且转述有误，但是记者却没有采访当事人。

一篇报道中出现这么多问题，很是少见。早报派社会中心一名副主任采写后续报道《工程未结算 讨薪起纷争》，对有关情况进行说明性报道：该工程结算问题"已经走司法程序，最终结果将由有关部门作出认定或裁决"。

教训：

这篇文章所写的这起结算纠纷，涉及众多单位和个人，且正在打官司，法院还没开庭。对于一个法院都还没有审理清楚的案子，记者在一天内就采访成稿，显然是难以吃透案情的，也不可能找到那么多的证据。在这种情况下写稿，难以做到准确、客观。记者对建筑行业的一些常识也不甚了解，连"建筑公司"和"建设单位"都搞混，也未真正理解什么叫"工程结算"。正所谓"隔行如隔山"，尤其是刚接触新闻行业的新同志，写一个不熟悉的行业，必须要多请教、多了解，否则就会犯下常识性错误。

看样太"放心" 错了国家名

2010年11月14日,《南国早报》第26版"体育新闻"头条刊发《对手少3人,国奥进3球》一文。该文是特派记者在广州采写的,大致内容是:亚运会足球小组赛中,中国国奥队在对手被罚下三人的情况下,以3:0战胜马来西亚队,以小组第二的身份晋级16强。文中多次提到马来西亚,但其中有一句"记者身边的马拉西亚记者似乎并不感到惊讶",将"马来西亚"错为"马拉西亚"。记者在前方写稿,这应当属于笔误,但后方编辑未发现这一错误。

2010年12月4日,《南国早报》第25版"体育新闻"刊发《卡塔尔"赢"得神奇》一文,这是一条体育专电稿件,内容为国际足联12月2日宣布2022年世界杯将由卡塔尔主办。文中有一段关于卡塔尔庆祝现场的描述:"在庆祝现场,记者还看到有沙特、巴林、土尔其等国家的国旗,体现了阿拉伯世界对卡塔尔的支持。"在这个描述中,"土尔其"应为"土耳其"。

这些国名差错,都被读者纠了出来,并刊发在"早报纠错台"栏目。

教训:

平常一讲到差错,多发生在自采的地方新闻版面。其实,在时事体育版面,编辑、校对稍不留神,也是很容易发生错误的。

时事体育版面,多是用通讯社的电稿或转发其他媒体的稿件。有的编辑往往有一个依赖思想,总认为已经有其他媒体编过了、把关了,在编稿或看大样时,就容易产生"放心"的心理,放过了一些原稿件中存在的差错。其实,就像我们自采的稿件中存在一定的差错一样,其他媒体编发的稿件同样也可能存在差错。如果不认真编校,这种差错就会通过更多的媒体"传播"。就拿前述"土耳其"错为"土尔其"来说,经在网上搜索,有些媒体在采用电稿时就改正了,但不少媒体并未改正。

对于这类技术性差错,没有多少道理可讲,最简单有效的办法就是增强责任心,编校认真再认真。

转载外地稿　隐患须防范

编专版时，常会转载一些外地稿件，以丰富版面资讯，但在时间表述和稿源准确性方面，往往存在隐患。《南国早报》2005年4月12日第48版的编辑在选稿编版时，因为疏忽，造成了多处差错。

该版《中印"硬软"互携提升全球IT地位》一文，见报时间是星期二，但文中却说"本周一，温家宝将与印度总理曼莫汉·辛格（Manmohan Singh）进行会晤"；署名为"新华社"的稿件，文中却有"据新华社报道"的字样，这是多此一举的。此外，该版上另有三篇文摘稿件中的"明日"、"昨日"，都不是指见报当天的"明日"、"昨日"，出现了时间差错。

导致这些差错的客观原因是，该版是由于临时撤广告而加上的，留给编辑的清样时间只有约半个小时。编辑匆忙选取外地稿件编辑上版，未能及时发现原稿件的时间表述与见报时间不符的情况；而署名"新华社"，但文中却又有"据新华社报道"字样，是因为稿件取自互联网，原署名即为"新华社"，

编辑时没有仔细核对，所以出现差错。

教训：

碰到紧急情况，编辑选用稿件时，也要仔细核对内文时间和稿源，不应因为时间紧张而放弃对新闻基本要素的核对。

互联网已经成为编辑掌握信息的一个重要渠道，特别是国内国际新闻、文体新闻，但是，在选取互联网上的信息及稿件时，有两点要注意：

第一，要认真审核、把关、过滤，严防网上假新闻，必要时应当向原发稿单位进行核实，防止虚假新闻和有害信息"落地"到报纸上。在确定选用稿件后，还得审核时间概念。网上更新速度快，网上稿件中的"今天昨天"与见报的"今天昨天"往往要相差一天，甚至几天，不能原封不动地照搬"网上时间"。

第二，网络用语、网上新词层出不穷，有些还是"土洋结合"的产物。这些新词在网上使用问题不大，但报纸作为正规出版物，用语用词必须符合现代汉语的基本规范。因此，对于那些网上新词，实在回避不了的，应加以注释，否则有些读者看不明白。

名之曰"落地" 岂能成抄袭

2004年2月23日,《南国早报》第7版刊登记者署名的《中学校园"红娘"令人忧》一文后,接到举报说这是一篇抄袭稿。经编辑部核实,原文是江苏《都市时报》刊发的,题为《中学校园竟有"媒婆"作怪》,报道的是哈尔滨的事情。记者移花接木,"落地"成南宁的故事,除了地名、人名之外,其他的情节都差不多。早报对该记者进行了批评教育和处罚。

然而,抄袭的情况并未就此终结。2005年8月,有读者举报,《南国早报》部分署名为"本报记者"的文章涉嫌抄袭。编辑部为此进行了认真调查,发现有四名记者抄袭了《人民日报》《中国经济时报》《北京晚报》等报刊的经济类报道，有的是部分抄袭，有的则是全文抄袭。这种抄袭的手法，主要是将外地的稿件改个地名，"化"成南宁的稿件，具体篇目如下：

一、8月2日第44版《今夏家电卖"节能"》一文，三分之二的内容抄袭《人民日报》7月11日第一版文章和《市场报》7月25日文章；

二、8月2日第45版《节能冰箱标准不一，要想看懂着实不易》一文，抄袭《消费日报》7月20日文章；

三、8月4日第46版《国产车"闯"世界任重道远》一文，抄袭《中国经济时报》5月11日的相关报道；

四、8月9日第45版《手机交友的尴尬经历》一文，抄袭《假日100/E消费》头版文章和《拿开你的黑手》（上海文艺出版社出版）一书；

五、8月9日第46版《手机游戏，开始玩真的》一文，除第三部分外，其余内容从《京华时报》《精品杂志》《华西都市报》抄袭、整合。

六、8月12日第50版《观望两月房价未见下跌》一文，抄袭《北京晚报》8月9日的报道；

七、8月12日第52版《路网加密"一石二鸟"》一文，基本抄袭《新地产》杂志第34期的一篇文章；

八、8月18日第46版《梳理驾驶员心情》一文，抄袭中华网3月30日文章。

对于上述八篇涉嫌抄袭的文章，编辑部对涉事的记者进行了严肃处理，同时通报批评，以儆效尤，以增强记者的职业道德。

教训：

做人要诚实，作文也是如此。抄袭他人文章是一种非常恶劣的行为，不仅严重违背新闻职业道德，有损报纸在读者心目中的形象，同时也是一种违法行为。

对于从事文字工作的人来说，抄袭是一种可耻的行为。记者可以借用、参考外地媒体的一些观点以拓展思路，但绝对不能照抄照搬别人的文章。

"说明"不清楚 "红姐"讨说法

2004年12月7日,《南国早报》第9版刊发了一个图片新闻《"和平红姐"货运服务部"失踪"》,说的是前一天晚上的事情。图片说明全文如下:

  12月6日晚,南宁市大学路货运市场内的"和平红姐"货运服务部"失踪",店面已转手给别人经营。这让大批货主和司机不知所措,货主王小姐拿着出货单据不知如何是好。

这则说明文字不到70个字的图片新闻见报后,"和平红姐"找上门来,说货运部并未转手给别人,只是临时有别的事情没有营业,不存在"失踪"的事。要求报社给个说法。

经查,记者采访时,只是听某些司机猜测,就把猜测当成了事实。在"和平红姐"的强烈要求下,《南国早报》12月11日第4版刊登了记者署名的"致歉声明":

  12月7日本报9版图片报道中提及:"'和平红姐'货运服务部'失踪',店面已转手给别人经营。这让大批货主和司机不知所措,货主王小姐拿着出货单据不知如何是好。"此段报道说明与事实不符,是本人采访不深入所致,特向读者和"和平红姐"货运服务部道歉!

教训:

记者采访不深入,只听一面之词,导致报道失实。凡涉及纠纷,必须要采访当事双方。若采访不到另一方,便不要急于见报,更不能随便臆测。

这种想象式的新闻,在另一组图片新闻中也惹出过麻烦。2003年10月14日上午,记者在南宁钻石广场附近偶遇一名瘸腿女乞丐。该乞丐在公用电话亭打电话之后,还要买台名牌手机潇洒一回。记者拍了一组图片,登在10月15日的早报上。见报之后,这个女乞丐到报社来找记者,说她用手机不假,但那部手机不是她的,是她向别人借的。她问:"难道乞丐就不能借别人的手机来用?"要求记者给她个说法。

事后总结，记者采访有不妥之处。在这组图片新闻中，女乞丐是主人公，但从头至尾，记者都没有采访她，纯粹是"客观拍摄"，而说明文字却有不少主观因素，如："老打公用电话太麻烦了，干脆弄部手机去，这话费咱付得起。""手机藏好啦，出来还得低调做人，可别让一部手机坏了行乞大业。"这种编出来的调侃式的话语，更像是"漫画"，而不能作为新闻图片的说明。

——有感于一些新闻"料"不够，请来专家律师凑。

（蒋钦挥/文、全君兰/绘，原载《新闻潮》2005年第8期）

第一编 《南国早报》案例

找图配文章　弄巧反成拙

2004年8月1日,《南国早报》第3版刊发《居民楼顶设发射基站遭质疑》一文。编辑在编稿时考虑到,这篇稿件较长,差不多要占半个版,如果配上一个图片,版面就会显得更生动。这是一个很好的想法,记者也在场,编辑就询问记者是否有相关配图。记者回答说,手中没有相关的配图,但可以找一找。

后来,记者提供了一张发射基站的图片,编辑就将之配上文字稿件一起见报。结果,就是这张图片出了问题。原来,文中质疑的是中国移动的基站,而所配的图片是中国电信小灵通的基站图片。中国电信对此就颇有意见。

教训:

编辑配图片的想法固然很好,但由于对电讯业务不熟悉,记者和编辑都

59

未能分清电信小灵通基站与移动基站的区别，就将"此图片"配上"彼稿子"，结果造成了错误。

事后了解到，电信小灵通基站的发射功率与移动基站不同，形状上也不一样。电信和移动本来就是竞争对手，质疑一方却用了另一方的图片，自然导致"一家欢乐一家愁"。

这种图文不符的情况，在后来也发生过。2010年3月2日第15版"区域新闻"刊登的《"小村庄要办元宵晚会"后续（引题）／南宁舞蹈爱好者专程赶场表演（主题）》一文，配发了一张图片，图片说明为"图为六个小姑娘在表演《小朋友》"，而图片画面中显示的是六个老大妈在跳舞。据查，这也是编辑在选图片时出的差错。记者拍有多张图片，有六个小姑娘的，也有六个老大妈的，但编辑在选图片时，只注意到"六个"，却没注意到跳舞者的年龄，于是就出现"老大妈变成小姑娘"的差错。

有的编辑在选取图片时，往往只看个大概，未认真审查画面的细节。如果在选图时没有把好关，今后可能还会再犯图文不符的错误。

图文不相符　张冠给李戴

2005年4月12日，《南国早报》第47版出现了配图说明"张冠李戴"的差错，把柳州的一电器商场误为南宁的电器商场。这是因为编辑在取图片时，没能认真核实图片拍摄的时间和地点造成的。

在排版时，编辑根据主编指示，为一篇关于空调市场调查的稿子找配图。该图存放在某图片文件夹中，里面还有多张类似图片。编辑取用某空调卖场现场销售照片后，给图片附上了"南宁市人民路一电器商场"的相关说明。但见报后，有读者指出，该图片曾刊发于前几天的《南国今报》，图片说明表明那是"柳州市一电器商场"。

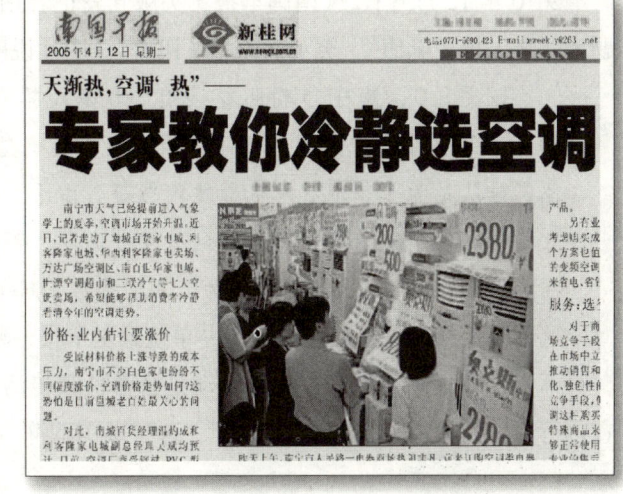

为什么会出现这种差错？原来，编辑当时选用的图片没有配说明，且拍摄地点为连锁卖场，柳州当地卖场和南宁的卖场相差不大，难以从图片上发现差别，所以编辑误以为该照片为文内提到的"南宁市人民路一电器商场"，导致图片说明出错。

教训：

编辑选用图片时，应该与摄影记者或者相关人员认真核实，了解图片拍摄时间和地点，然后再编写图片说明。

拍照未采访　部门要正名

2010年12月6日,《南国早报》头版刊发记者拍摄的一个图片新闻,标题为《老人抢"健康" 笑了商家累了民警》。图片说明全文如下:

　　12月5日,南宁市朝阳花园有300多人排着几列长队,在此参加2010年中医中药中国行·广西文化科普宣传周暨南宁市活动启动仪式。他们排队是为了领取3本免费健康书籍。由于主办方工作人员少,无法应付这么多老人前来领书,等到书发放完了,商家的宣传如愿了,现场维持秩序的民警却累坏了。图为老人们挤在一起争抢资料书籍。

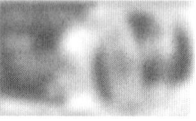

这个图片新闻见报后,活动主办单位致函早报,要求纠正不实报道。

不实在哪里呢?原来,这个活动是公益性宣传活动,没有任何商业性的宣传行为,而报道却说"笑了商家",这与事实不符。主办单位认为这影响了他们的形象。

据了解，主办单位当初联系朝阳花园管理处时，说这是一个公益活动，故管理处未收任何费用。早报的报道出来后，管理处认为这个活动有商家参与，遂要求主办单位支付管理费。主办单位因此要求报社"正名"。

经编辑部了解，记者为了拍摄图片，还爬到了一棵大树上，费了不少劲。但拍了图片后，因接到另外的采访任务，他就赶赴下一个新闻现场，未采访此次活动的主办单位，不知事情的来龙去脉。后来记者仅凭印象，认为是商家在搞宣传活动（经常有商家在朝阳花园搞活动），想当然地写了图片说明。

于是，早报在12月7日第4版刊登当事记者署名的更正：

12月6日本报头版图片说明《老人抢"健康" 笑了商家累了民警》中，"2010年中医中药中国行·广西文化科普宣传周"是卫生部门组织的公益活动，没有商家参与。标题中的"笑了商家"应删除，文中"商家的宣传如愿了"应为"主办单位的宣传如愿了"。特此更正，并向有关部门致歉。

教训：

摄影记者千万不能忘记自己是记者，不能只拍摄，不采访。

有的摄影记者只重视"摄影"，而忽视了采访。有的摄影记者到新闻现场，"咔嚓咔嚓"摁下相机快门，而不进行采访。在向编辑部提交图片时，只有画面，缺少情节，新闻性大打折扣，有时甚至连图片说明都让人看不明白。如果是与文字记者一同行动，有的摄影记者的图片说明就更简单了，只有一句"图为事发现场"，或"详见某记者文字稿"，夜班编辑常常要从文字记者的稿件中去"找"图片说明。

在相机的"胶卷时代"，文字记者一般没有相机，也没法冲印相片，拍新闻图片是摄影记者的"专利"。现在，相机进入"数字时代"，文字记者基本上都配备了数码相机，能完成一般性的新闻摄影，拍新闻图片不再是摄影记者的"专利"。在这种背景下，如果摄影记者还是按"老一套"来思维，恐怕就难以胜任当今"全媒体"的新闻采访了。

编辑凭印象　一图配两文

　　2011年1月31日，《南国早报》第10版刊发《温馨"港湾"日迎摩托上万辆》一文，叙述位于梧州市的"广西东出口"有一个长途摩托车休息点，为从广东骑摩托车返乡过年的农民工服务的事情。文章配发了一张图片，说明为"民警为骑摩托车返乡的农民工倒开水"。细心的读者发现，这张图片在两天前曾经刊登过——1月29日早报第10版刊发《回家途中亲睹事故　"铁骑"返乡更需小心》，报道隆安县交警为返乡摩托车服务的事情，配发的图片就是这个画面。当时的图片说明为"交警在给骑摩托返乡的农民工倒热茶"。而今，这张图片中，"交警"变为"民警"，"倒热茶"变为"倒开水"，又被重新刊登出来，且新闻发生地从隆安变为梧州。两地相距几百公里，这究竟是怎么回事？

　　经查，这两篇新闻都是同一记者采访的，记者提交《温馨"港湾"日迎摩托上万辆》一稿时，在文末注明了图片在记者名下的"东出口"文件夹内，但夜班编辑没留意，错选了"农民工返乡"文件夹中已经刊登过的图片。

　　事后查看，"农民工返乡"文件夹内只有三张图片，且都是同一镜头，而"东出口"文件夹内的六张图片，有场面，有特写，画面比较好，内容更丰富。夜班编辑也承认，"东出口"的这些图片能让稿件增色不少，没能用上，实在可惜，对不起记者，更对不起读者。

教训：

　　记者已经注明了图片存放的文件夹，编辑为何选错图片？原来，当班编辑在记者个人文件夹下选取图片时，没有核对稿件末尾的标注，而是凭稿件中提到农民工返乡的内容，在记者名下的多个文件夹中，找到了"农民工返乡"这个文件夹。编辑事后回忆，他在选用图片时也曾有疑问：记者跑到几百公里外的梧州去采访，怎么就从同一角度拍照片？遗憾的是，编辑未能就这个疑问与记者沟通，否则，这个错误就能避免。

根据多年的编辑经验，只要有疑问，就一定要问清楚，要核实，否则就会出差错，留下遗憾。

这里还有一个"思维定式"的问题，编辑往往受稿件内容的影响，会形成一定的印象。在选取配图时，这种印象无形中就"发挥作用"，导致编辑想当然。

《南国早报》2011年2月21日第12版刊发消息《连续碰撞，五辆小车"连"成串》，所配的图片却是四辆的士追尾，而四辆的士追尾的新闻在2月12日第5版已经刊登过了。在这起图片重稿的事故中，编辑是"凭印象"选了个多车追尾的图片，而对画面未审核。实际上，两起事故是有明显区别的，一为四辆车，且都是的士；一为五辆车，其中有奥迪轿车。如果编辑审核画面，就能发现问题。

有的编辑在编稿时，往往只注重文字内容的审查，而忽视图片画面的审核。凭印象选图片，真是害死人。

用词不严谨　赔礼又赔钱

1999年9月17日,《南国早报》刊发《县政府的车,暂扣!》一文,对广西壮族自治区高级人民法院执行的一起经济合同纠纷案进行报道。报道内容属实,案情也交代得清楚明白,但却引起了纠纷。

纠纷源于文中一个词语,即兴安县一名领导面对法官"气势汹汹"。这名县领导认为,他面对法官时没有气势汹汹,这有电视台的现场录像为证。如果他有这样的表现,等于说他是法盲,藐视法官。他认为该报道侵害了他的名誉权,要求报社赔偿名誉损失费10万元。

经调取电视台的录像查看,这名县领导当时的语气的确是平和的,面对法官也是恭敬的,不能说是"气势汹汹"。经了解,写这篇报道的记者并未到现场,只是事后听别人转述写成的,"气势汹汹"是记者为加强现场感而主观认为的。报社派人去该县,经过当地法院的调解,最后登出致歉、更正,才平息这起纠纷。

教训:

记者未在现场,却想象出一个现场,无端猜测,滥用词语,导致了这起新闻纠纷。在新闻报道中,应该只说事实,慎用情绪化的词语。曾在南国早报工作过的李成连在其专著《新闻官司防范与应对》一书中,把贬义词归属于"红色信号",希望记者、编辑慎用。这些"红色信号"包括通奸、自杀、恶棍、恶魔、赖皮、泼妇、败类、愚蠢、堕落、妓院、无能、阴谋、精神病、丧尽天良、气急败坏、狂妄自大,等等。对于类似的词语,如果没有足够的新闻事实和司法定性作为依据,往往会因"戴帽"不准确而引发官司。

没有事实依据擅自推测,后来还引发了另一起纠纷。2002年某月,《南国早报》刊发了一篇文章,说有一个男子在火车站挥刀砍人,最后被民警抓获。基本事实是准确的,但文章结尾时有一句"据说此人患有性病,下身糜烂"。报道见报后没几天，该男子的亲属找上门来，要求赔偿精神损失。对方称，此人下身糜烂是事实，但并非性病。这个"性病"完全是记者推测出来的。

男子挥刀砍人是事实，下身糜烂也是事实，只有性病这一点不属实。对方就抓住这一点，结果早报输了官司——赔钱。

"比"误为"不如" 意思正相反

河北曾发生过一起强奸杀人案，一个叫聂树斌的人在1995年就被执行了死刑。但到2005年，一个叫王书金的人承认，这起案件是他犯的案。聂树斌的母亲回忆，当初聂树斌说自己是在看守所里被打得受不了才承认强奸杀人的。当初"破获"这起案件的警方还获得过荣誉。此事被媒体报道后，各办案单位一直保持沉默。

《南国早报》2005年3月16日第28版"南国时评"专栏中，以此为话题，发了一组评论，其中一篇题为《公民蒙冤，有关机关不该沉默》。该文的立意还是不错的，问题出在文章的最后一句话："我们仍然要问：办案人员和单位的荣誉难道还不如一个公民的生命重要吗？"

这句话本来是想强调"公民的生命重要"，但因为句中用了"难道还不如"这几个字，意思就完全反了。

《南国早报》在第二天即以编辑的名义发了更正：

  本报昨日28版《公民蒙冤，有关机关不该沉默》一文中，最后一句应为："办案人员和单位的荣誉难道还比一个公民的生命重要吗？"

教训：

这是因文字基本功欠缺而犯下的错误。看来，提高记者、编辑的文字基本功，绝不是一句空话。我们有些采编人员，对汉语语法、句式等方面的知识有所欠缺，尚需加强学习。

术语不理解　标题出差错

2007年12月3日,《南国早报》第6版刊发《贪心小职员"咬出"保险监管软肋》一文。这是一篇政法新闻稿,说的是平果县一保险公司的职员黄某,在两年多的时间里,不仅侵吞公款348.8万多元,还以高息引诱,收取客户资金达221万元。11月15日,平果县检察院以职务侵占罪,对黄某提起公诉。该文的最后一部分进行了反思,指出保险公司存在管理软肋。

这篇文章的事实部分没有问题,但却引起了保监会广西监管局的异议。问题出在标题上:内文讲的是企业内控管理、公司管理,标题却说是"保险监管"。保监局认为这是在无故批评监管部门,因为事实上这事与保监局无

关。保险监管局是代表政府行使保险监管权的，而且保险监管是有专门定义的，保险监管不等于保险公司的内部管理。

经过交涉，早报在12月5日第14版以编辑的名义进行更正：

12月3日本报6版标题《贪心小职员"咬出"保险监管软肋》一文标题应为《贪心小职员"咬出"公司管理软肋》。

教训：

专门更正标题，这是比较少见的。就这篇稿件而言，记者的原标题没有问题，编辑重新制作的标题却出了问题，原因在于对"保险监管"这个概念没有搞清楚。各个行业都有一些专有概念，编辑要不断学习和熟悉各行各业的特点、术语。与此类似的概念，还有电力监管、证券监管、金融监管等，与具体的电力公司管理、证券公司管理、商业银行管理都有本质区别。

新闻报道能否吸引眼球，标题非常重要。虽然编辑在审编稿件过程中，可以重新制作标题，但必须准确，忠实原文事实，不能片面追求"抢眼球"而忘记准确性这个基本要求。

关于标题出错，此前也曾出现过：2003年4月2日，南宁市委、市政府召开关于进一步做好下岗失业人员再就业工作暨先进集体、先进个人表彰会，南宁市市长在会上表示，"将突出解决下岗失业人员和4050困难群体的再就业工作"。一名见习记者写了消息，刊登在4月3日第3版，标题为《南宁市政府承诺：今年解决4050个困难群体再就业》。

"4050"是对年龄40岁以上的女性下岗失业人员和50岁以上的男性下岗失业人员的惯称，是一个专用名词。但记者、编辑都不了解，误把"4050"当成一个数字，以致在标题中出现了"解决4050个困难群体再就业"的错误，导语中也称"今年南宁市将突出解决下岗失业人员和4050个困难群体的再就业工作"。后来，早报在4月4日第3版，以该记者的名义进行更正并向读者致歉。

标题乱断句　意思很离谱

1996年9月3日，外交部发言人就美国空袭伊拉克发表谈话，新华社的电稿标题为《中国对美国空袭伊拉克表示严重关注》。《南国早报》9月4日刊发这则电稿，但夜班编辑在版面上将电稿标题断为两行，成为《中国对美国空袭／伊拉克表示严重关注》，整个意思就全错了，而且错得很离谱。

教训：

标题差错有各种类型，有的是知识性差错，有的是出现错别字，有的则是出现歧义。编辑部在总结经验教训时，一再强调，在签字清样前，一定要一个字一个字地"点读标题"，防止标题上出现错别字，防止标题产生歧义。

照片露脸面　赔了四千元

2001年底,《南国早报》刊登了一名初中女生被父亲打骂的报道,引起了强烈的社会反响。早报在对此事的连续报道中,发动社会讨论此事,最后事情得到很好解决:父亲向女儿认错,请求女儿原谅,表示今后要改掉粗暴脾气,善待女儿。记者随后又写了一篇父亲向女儿认错、父女和好的报道,并配发了父女两人在一起的照片。

报道和照片刊出后,这名初中女生的父亲称,报纸刊登了未经他同意的照片,使他受到周围人的议论,他的孩子受到老师同学的议论(此前的报道中对这名女生用的是化名)。因为他已经离婚,所以报纸刊登这张照片会影响到他将来再组新家庭。父女俩称报社侵害了其隐私权和肖像权,要与报社打官司。经过沟通、协调,最终报社赔偿4000元给这对父女,调解了纠纷。

教训:

系列新闻报道本来做了一件好事,但在"收官"时却引发一起权益纠纷,这是采编人员始料未及的。这起纠纷告诫记者,任何时候都不能忘记相关法律法规,更要想到当事人的肖像权、隐私权等各种权益。如果在刊登时把当事人的面部打上马赛克,模糊处理,可能就不会引起纠纷了。

点了姐妹名　姐姐有意见

2007年5月25日,《南国早报》第14版发表《一传销女自演"苦肉计"》一文。该文的大致内容为:平果县一女子被骗到广东搞传销,被洗脑后与传销分子同伙,导演了一场苦肉计,她谎称自己被劫持,要求家里人汇钱赎人。其姐吴某某,在平果老家接到"求救"电话后,多次到平果县公安局、广西壮族自治区公安厅报案,要求公安机关解救她妹妹。公安厅领导对此高度重视,批示尽快调查处理。很快,由自治区公安厅刑侦总队、百色市公安局、平果县公安局三级公安机关组成的特别解救小组,带着报案人吴某某连夜驱车奔赴广州,并最终解救出了吴某某的妹妹。

经讯问后,此案终于真相大白:这是由报案人吴某某的妹妹和她的传销伙伴自编自导的一场"苦肉计",目的是为了骗取家里人汇钱给她搞传销。根据《治安管理处罚法》相关规定,因涉嫌合伙敲诈勒索,吴某某的妹妹被公安机关处以行政拘留15日的处罚。

本来,这个新闻从采访到写稿都没有问题,内容也没有失实之处,但没想到的是,文章刊发以后,当事人有异议。报案人吴某某以报道没有征求她的同意,就写了她和妹妹的真名为由,认为早报侵犯了她们的权利,对她和家人的生活造成了极大影响,因此多次向报社反映,要求报社给予处理。

报社相关部门负责人先后多次与投诉人联系,讲明该报道的内容均来自警方的调查处理,内容没有失实,且在解救她妹妹的问题上,警方和本报均全力以赴。报道见报以后,实际上对她们也没有造成太大的影响,希望她能正确对待。但投诉人还是到处反映情况,甚至还投诉参与解救她妹妹的警官,说他们违规办案,不应该拘留她妹妹。

报社与公安厅宣传处沟通后认为,广西、广东两地警方调动大批警力,甚至动用一些高级别的侦查手段,联合解救一名可能被"绑架"的传销女子,最终却是受害者和传销人员自编自演的一出"戏"。从某种意义上说,公安机

关的公共资源被浪费了。因此，警方最后对吴某某妹妹的处罚是合法的。媒体对这件事如实报道，对社会公众能起到警示作用。该文章虽然使用了当事人的真名，但确实没有造成多大的影响。最后，平果警方耐心细致地做了吴某某的思想工作，此事才得以平息。

教训：

  虽然这件事最终得以平息，但先后花费了两三个星期的时间。如果该文中两姐妹使用化名，就不会出现这样的麻烦了。而且，使用化名也不会影响阅读效果和新闻事件的真实性。实际上，平时在处理这类稿件时，对未判决的犯罪嫌疑人，或者是一般案件的涉案人员，考虑到他们今后的生活，一般都是使用化名的。但当天在编发该稿件时，编辑、值班主任都没有意识到这一点，引来了麻烦。

  这件事给我们一个警示：在案件报道、批评报道中，如果稿件有可能涉及公民名誉、隐私内容，应该考虑使用化名。而对于涉案的未成年人，不仅要用化名，连地名、校名等都要视情况进行模糊处理。

"大闹美容院" 引人闹报社

2004年7月2日,《南国早报》第11版刊登了一则读者的电话热线记录,标题叫《两女大闹美容院》。全文如下:

赵小姐反映,4月28日下午,她在南铁北一区一家美容院"洗脸"。这时,另外一个四五十岁的女顾客和美容院老板发生了争执。她觉得那个女顾客有点蛮不讲理,就为老板打抱不平。那个女顾客立即把怒火转移到她身上,大骂她是"鸡婆"。她还从未听见有人这样骂她,便对那女的大声喝道:"你敢再骂一句!"那女的立即大声骂道:"你就是鸡婆!"她怒不可遏走到那女的跟前,扬手就给了那女的一巴掌。对方闪开了,然后和她拉扯成一团。美容院员工连忙把她们拉开,但赵小姐的吊带衫已被扯断了带子,那女的有根手指被挫伤。后来"110"巡警赶到,将她们带到南铁公安处接受调查。

这则热线记录刊登出来后,美容院的老板来报社反映,说事实不像赵小姐反映的那样,那位女顾客没有骂赵小姐是"鸡婆",是赵小姐多管闲事,也不存在扯断吊带衫带子的事。早报这么一登,影响了美容院的形象。

教训:

涉及个人之间的纠纷,而且又描述得如此详细,其中还有涉及骂人的话,就是正常采访涉及这种不雅的字眼都不宜见报,何况此事只是热线电话记录。听信投诉一方的意见,未经核实,就贸然登报,惹来麻烦就不奇怪了。尽管此事未点美容院的名,但这种不点名同样存在风险——南铁北一区只有一家美容院。此事是未经任何核实就刊登的,属于编辑把关不严导致的纠纷。因此,在编辑"读者来信"、"来电直播"之类的版面或栏目时,一定要慎重选稿,认真核实。宁愿不登,也不要刊登只有单方诉说的稿件。

"恩怨两家人" 官司惹上身

2005年2月28日,《南国早报》第7版"社会·点击"栏目刊登《法院判决难敌算命先生——(眉题)/这段恩怨何时了(主题)》。主要内容是:在上林县镇圩瑶族乡,有一前一后两户人家,曾和睦相处多年。几年前,屋后罗某家几个亲人出意外亡故,请来的"道公"给他们"指点迷津"——是前面罗某某家的房子挡了他们家的"风水",人是前面一家"克"死的。从此以后,罗某家采取了一系列的"反克行动",其中一个举措就是砌起一堵砖墙,致使前面一家不能从屋后通行,还影响了通风、采光和排水。

两家邻居变成仇家,村委会、乡政府多次调解,均无效,最后闹到法院。法院判决后,罗某家亦未执行。法院强制执行拆除这堵砖墙后不久,罗某家又继续在原处砌起一堵水泥砖墙。文章最后说:"记者了解到,罗某最近仍在那堵墙上对着罗某某的后门放置香炉烧香'咒'他们。"

从情节上来说,这是一个不错的社会新闻,但却引起新闻官司。罗某说,他家请道公来做法事,放置香炉烧香,是为其他事情,而不是指向前面那家人,跟那堵砖墙也没有关系。他砌那堵砖墙是在自家的地盘上砌的,是围墙。要求报社给他澄清。

因为记者采访时没有录音作为证据,当初的被采访者也不愿作证。最后报社方面与罗某和解,赔偿了对方3250元钱。

教训:

反思这起新闻官司,从稿件的行文来看,记者采访了村民们,但却没有直接采访当事人罗某,未向罗某直接求证砌砖墙的前因后果。未见当事人,采访不全面,就会影响新闻的准确性。

记者未到场　写出"现场稿"

2004年3月29日,《南国早报》刊发了电头为"本报扶绥讯"的报道——《市场起大火　烧死两少女》,反映扶绥一市场起火烧死两少女的事情。从稿件内容来看,记者似乎是到了现场的。但事后查明,记者根本没有去到现场,以致一些细节问题出现偏差。

2004年3月28日下午,记者接到一个报料,大致是说扶绥县城一市场有栋楼晚间起火后报警,但消防人员迟迟未到,结果住在楼上的两名打工少女逃避不及被烧死。巧的是,报料者当时正带有相机,于是拍下了图片。于是,记者电话采访了这名报料者。按报社规定,记者在哪里写稿,就署哪里的电头,以此区别记者是否到过新闻现场。当事记者称:进报社一年,基本都在南宁写稿,糊涂地认为事情发生在哪里就可以挂哪里的电头,结果栽在"扶绥讯"上了。

教训:

针对扶绥大火烧死少女一事,随后报社派一名老记者带该记者一起去采访,走访现场听到了一大堆牢骚话。记者就此写成一篇反映县城消防工作的深度报道《扶绥火灾"烧"出一串"？"》,消防部门和县城居民都认为站在他们的立场说了话,稿件收到了较好的效果。这说明,一篇稿件出现问题,立即进行针对性的后续采访也可以争取主动。

人虽在现场　稿件"没现场"

2004年4月7日,《南国早报》刊登《男子"连环劫"　众人齐来擒》一稿,但与同城某报相比,稿件质量差距过大。

经查,接到这条报料后,两名记者骑上摩托车就去青秀山采访。他们在一个山寨门口听一名男子诉说:有个人打劫出租车女司机,司机跳下车走了;这个人又拿刀打劫山庄内一垂钓老者,被保安发现并最终在鱼塘里被抓住。后来一名出租车司机也过来说:他听到同伴呼救赶来,并对女司机如何摆脱歹徒进行了简单叙述。可是,两位记者并没有去采访当事保安。两人在采访回来的路上,遇到同城某报的记者,其中一人还嘲笑别人来晚了。

当晚,"嘲笑者"不见人影,另一记者将所见所闻写成不足900字的稿子上交。没想到第二天,同城某报做了足足一个版面,将保安如何、出租车司机如何、"西边雨"呼叫中心如何,描写得有声有色。而对这些新闻当事人,早报的两位记者压根就没去采访过。

在后续报道中,早报派出记者重新采访各方当事人,还原现场,到看守所采访劫案嫌疑人,又写分析又作探讨,连发几篇稿件进行补救,算是亡羊补牢。

教训:

吃一堑,长一智。要成长为一个合格记者直至优秀记者,遭遇挫折在所难免。关键在于总结提高。

一、采访时,应想尽办法采访到位,尽量接触相关各方,并用笔记本记下他们的说法,千万不能偷懒。当时,记者去采访时,完全就是听,没动手记,更没有全面采访到该采访的人。回报社后靠回忆,写出的稿子也是粗枝大叶。

二、作为老记者,不管是自己采访还是带新记者、实习生采访,一定要担负起责任来。采访写稿要尽量亲力亲为,至少要看过稿子才上交。

三、作为记者,一定要有自己的思想。我们说新闻客观,是指事实。今天的记者不能只是记录,还要对自己所记录的事件,进行分析、组合、深加工,从而写出有思想的新闻作品。现在回过头来想,这两名记者当初之所以搞砸,就是因为没有认真去思考、分析,看不到事情背后隐藏的新闻价值,因此对该采访什么、如何写稿没有把握,听到什么写什么,没听到也就当做不存在。如此缺乏新闻思考是不能成为好记者的。

辩称"为民除害"

追,将该男子抓住,并交给了随后赶来的110民警。

该男子就是李忠兴,柳北区某企业工人,曾经多次被一个姓赖的熟人骚扰索要现金。9月8日晚上11时许,赖某喝醉了酒后再次对李进行骚扰。在两人的争执和扭打中,李用家中的铁锤朝对方头部猛击数下,对方应声倒地身亡。李发现对方已经死亡后,将其尸体拖到卫生间进行肢解,并将尸骨放置在厨房的煤气灶上焚烧,将部分尸块冲入下水道,其余的尸骨于次日清晨拿到野外丢弃。

2004年2月23日,柳州市检察院对李忠兴提起公诉。在公开开庭审理中,李辩解道,死者是一个无赖,自己杀死无赖是为民除害,要求法院从轻处罚。4月6日,一审法院依法对李忠兴判处死缓,剥夺政治权利终身,并赔偿死者家属6万多元的经济损失。

男子"连环劫" 众人齐来擒

本报南宁讯 (记者 ■■■■)4月6日中午,一男子在南宁市青秀山附近上演"连环劫",先抢女出租车司机,见难以得逞,又欲抢一名钓鱼老者,不想正撞上值勤保安,结果束手就擒。

4月6日下午2时多,南宁市秀湖生态园一片宁静。突然,两名保安发现,一垂钓老者身旁出现了一名男子,该男子情绪激动地挥手跺脚,两名保安立即上前了解情况,结果发现这名男子原来正在打劫垂钓者。两名保安一边逼近该男子,一边用对讲机呼叫队友支援。

值班室里的6名保安接报后,立即赶往事发地点。该男子见势不妙,跳进湖中试图逃跑,因不会游泳,在水中才蹚了2米左右便不敢再迈步。他挥舞着刀子大叫:"你们谁也别过来,否则我就死给你们看!"两名保安去附近划来小船,一点点向他靠近,其余的保安在岸上劝他上岸。该男子只得乖乖爬上岸来。

这时,附近传来了不少人喊抓贼的声音,接着有人开着出租车来到了秀湖生态园门口。原来,该男子在被擒前几十分钟,从市区打的去秀湖山,而且叫女司机走旧路。车上山时,该男子便显得神态异常,不停伸手摸自己的衣袋。女司机见状起了疑心,要求从大路上山,接着就开始掉头。该男子突然掏出一把明晃晃的尖刀,伸手要挟女司机。女司机赶紧一个急刹车,动作熟练地打开车门跳了出去,同时大喊抓贼。该男子非常紧张,绕着车与女司机"捉迷藏",女司机急忙通过车载呼叫系统,通知了附近的同事。该男子见难以得手,便爬过2米高的铁丝网,进入秀湖生态园的后山,又来到了垂钓的湖边,于是有了上述那一幕。

"请酒上百桌" 劳模求公平

2005年8月30日,《南国早报》第8版刊发《"劳模"为父祝寿请酒上百桌》一文。由于标题没有完整概括文章内容,引起一些读者的误解,结果劳模很不高兴,要求报社给个说法。

原来,这位颇有成就的劳模,在老父八十大寿之际,在村里摆了上百桌酒席,请村里父老乡亲来团聚。新闻的核心在于他为父祝寿一律不收礼,而且参加宴会的老人和小孩每人还有一二十元的红包。劳模说这几年生意很好,全靠乡亲们的支持和帮助,他要趁这个机会表示一下感谢。

8月31日,早报就此事件又做了后续报道《不请官员;不收礼金,还给老人和小孩发红包(引题)/百桌寿宴妥不妥?(主题)》。记者采访社会各界人士,让大家对这件事情发表看法,对这件事的新闻价值重新挖掘,收到了较好的社会效果,劳模也表示满意。

教训:

劳模此举与某些贪官借生日寿诞请客为名,大肆敛财大不相同,目的也不一样,应该是一个好的典型。这个意思在前一天下午的编前会上已讲得很清楚,但到了晚上,编辑只看到表象,没有看到本质,取了这么一个浅薄的标题。

记者说的话　加给受访者

2003年10月30日,《南国早报》第7版刊登一名见习记者采写的消息,标题为《要当学生干部　先过五百人大关》。这条消息是篇正面报道,对广西大学法学院在学生管理,特别是学生干部选举中探索的新举措进行了肯定。然而,这条消息却引起了麻烦。

这条消息中有一句话,将两种学生干部进行对比。这句话是记者通过采访之后得出的一个观点,但是,文中却将这句话当成广西大学法学院尹老师的原话来表述。尹老师在与南国早报交涉中称,他没有说过这句话,要求早报更正、道歉。

尹老师认为:"是我说的就是我说的,不是我说的就不是我说的。我在接受采访时就没有说过这句话。"

经过反复沟通,早报向尹老师道歉。编前会最终认定,记者在文中的表述方式违背了新闻的真实性原则,根据"失实新闻"的处理办法对记者作出处罚。

教训:

真实性是新闻的生命。记者在采访中一定要客观,在写稿时切忌虚构,不能想当然,更不能无中生有。"记者"首先是"记录的人",在采访过程中,要把别人说的话记录清楚,切忌张冠李戴。

有些记者在采访时,只记录了一个大概内容,在回来写稿时,就根据自己的需要,按照自己的思维逻辑进行添加,把一些受访者没说过的话加到对方头上。看起来每句话都有"出处",实则是新闻工作的大忌。

重金买"燕窝" 记者"没脑壳"

2007年7月20日,《南国早报》刊发《一老人义务照料燕子十八载》一文。从标题上就可以看出,这是一篇题材不错的社会新闻,但文章中说到"有人贪图这个燕窝的使用价值,想用重金买下"。这就让人笑掉大牙:此燕窝非彼燕窝,记者把两种"燕窝"搞混了。

作为珍贵食品的燕窝,是金丝燕在海边岩石间筑的巢,是金丝燕吞下海藻后吐出的胶状物凝结而成的。在东南亚一些地区,为了获得这种珍贵的燕窝,现在也有人工养殖金丝燕的。而作为普通家燕的燕子窝,是衔泥而成,并没有什么食用价值。就算真有人出于好奇想"收藏",也不至于花"重金"去买,因为这种家燕窝实在太普通,在农村,好些人家的屋檐下都有。

教训：

记者写稿时要用脑子想一想，不能生吞活剥。当时，某电视台播一条北京"纸馅包子"的新闻，最后被证实是一条假新闻。早报总编辑蒋钦挥就此写了一首评报的打油诗，题为《记者不要没脑壳——有感于"重金买'燕窝'"》，兹录于后：

早报"新闻"何其多，个别记者没脑壳。
燕窝要用重金买，此窝原是泥一坨。
一窝泥巴腥臭味，重金买来做什么？
三岁小孩都知道，燕子衔泥来做窝。
记者不是天外客，燕子做窝应见过。
脑袋长在木头上，此燕窝非彼燕窝。
编辑主任没把关，一路绿灯竟通过。
早报声誉受损害，读者笑掉牙几颗。
想起当年几多错，半夜辗转睡不着：
桔子树上结南瓜，头版照片出差错；
有毒饼干现市场，只因饼干能点火；
粗心编出"性教育"，投诉电话几十个；
低级错误常见报，老总脸面没处搁。
陈年老账要常翻，警钟长鸣在耳朵。
"纸馅包子"教训深，记者主任端一窝。
事发北京想本报，敲敲脑壳好处多。

水果很便宜　换算有问题

　　2010年1月4日，《南国早报》第6版《东盟水果更"亲民"　广西旅游迎商机》一文，就1月1日中国—东盟自由贸易区正式建成后对南宁农产品市场的影响进行采访，分析东盟产品对南宁市民生活的影响。文中的各个段落分别出现了超低价格的农产品：山竹批发价为3元/公斤，金枕榴莲为3.5元/公斤，越南龙眼约3元/公斤，越南红薯和广西本地的红薯一个价，都是0.75元/公斤。泰国香米自从去年12月由1.95元/公斤左右涨到2.3~2.4元/公斤后就没回落过。在2000年，泰国香米还曾便宜到1元/公斤。

　　看到来自东盟国家的农产品如此低价，还以为自贸区的建成马上就给百姓日常生活带来了便宜。一问才知，这些价格全都出了错。

　　原来，记者在采访时，别人介绍的价格都是以"斤"为单位的。由于"斤"不符合法定计量单位，写稿时要换算成"公斤"。如，每斤山竹为6元，换算成公斤则应为每公斤12元。但记者在换算时弄反了，变成每公斤3元。如此一来，报道中的价格只有实际价格的四分之一。

2010年1月6日第10版刊登记者署名更正：

　　　　因本人换算错误，本报1月4日4版《东盟水果更"亲民"　广西旅游迎商机》一文中的山竹应为12元/公斤，金枕榴莲为14元/公斤，越南龙眼为12元/公斤，越南红薯应为3元/公斤。泰国香米应为"自从去年12月7.8元/公斤左右涨到9.2~9.6元/公斤后就没回落过。在2000年，泰国香米还曾便宜到4元/公斤"。特此更正并向读者致歉。

（注：这个更正本身又出错，其中的"第4版"应为"第6版"。）

教训：

　　这是一个低级差错。记者稿件中类似的价格差错，除非编辑对相关产品较为了解或有相关的购物经历，否则也难以发现。把好这类数字关，关键还

得靠记者细心。

此前,在2009年12月31日一篇关于邕城米粉涨价的报道中,作者在写到米粉的原料价格时,称"大米已经涨到0.7元/公斤"。编辑觉得大米不可能这么便宜,经向记者询问,才知道是算反了,实际应为"2.8元/公斤"。这个差错被及时发现并改正过来了。但该文中的另一个错误却见了报:"南宁每天能消耗米粉50万吨。"南宁人每天怎么吃得了这么多米粉?原来,这个50万吨应为50万公斤。

数字是反映新闻事实的一个重要元素,但有些记者或编辑对数字不敏感,在将"斤"换算成"公斤、克、吨"等标准计量单位时,时常会发生错误。避免这种低级错误,没有什么诀窍,唯一有效的办法就是认真、细心。

事涉"丢饭碗" 下笔要慎重

2005年7月10日,《南国早报》头版刊登消息《公交车斗气追逐 众乘客胆战心惊》。消息说,7月8日下午,南宁市两辆公交车在望州岭靠站时因一点小摩擦,两名司机竟不顾车上众多乘客的安危,开着公交车在路上狂追猛赶,上演了一场惊险的"追逐戏"。消息中引用热心读者袁先生的话说,215路车快速冲到望州南路路口时,车要转向望州南路。而按原路线不转入望州南路的601路车竟紧跟在215路车后面,丝毫没有减速的意思。此时,从望州南路迎面开来一辆出租车,601路车司机见状,紧急刹车,车上的乘客连连踉跄,惊叫声不断。601路车紧急刹车后,一名乘客下车,分别对两名司机进行严厉指责,其他乘客也气愤不已,两车司机方才"息怒"。

这两辆公交车分属不同的公司,其中601路车属于南宁市诚运鑫运输有限公司,215路车属于南宁市公交总公司。报道见报后,两个公司经过调查,分别对当事司机进行了处理。南宁市诚运鑫运输有限公司认为,601路车当班司机何某属于越线驾驶,违反了《交通安全法》的相关规定,且置车上众多乘客的安危于不顾,公司当天给予司机何某停止驾驶任务、接受检查的处罚,并写出书面检讨。7月12日,公司便解除了与何某的劳动合同。

南宁市公交总公司对215路公交车当班司机周某的处罚是停岗,进行为期一个月的安全知识学习，并给予一定的经济惩罚。对于这个处理结果，7月23日《南国早报》第8版以《一名司机被炒　一名司机停岗》为题进行了后续报道。

按理说，这是一个比较圆满的舆论监督报道，但却引起了601路车当事司机何某的不满。

何某认为，他越线驾驶行为根本就不严重，如果没被媒体曝光，按照公司制定的规章制度，顶多被罚款几百元而已。此事被媒体曝光后，处罚的结果却要严重得多。因为早报报道，把事态扩大化了，他才被辞退的。而且，记者没有采访他本人，消息中有些细节与实际情况不符。因此，要求早报对他进行赔偿。

公交公司辞退何某与新闻报道有无关系？对此，编辑部也专门向公交公司了解。公司称，不管媒体曝不曝光，司机的此类行为都属于性质恶劣的情形，一经公司发现，都是要被辞退的，"与媒体曝光与否没有直接联系"。

负责处理此事的人员还告诉何某，如果对公司的处罚不服，可以向劳动部门申请仲裁。然而，何某天天到早报热线部接待室来"反映"，影响了接线员的正常工作。在报社有关人员耐心细致地做了大量工作后，才平息这件事。

教训：

虽然该消息没有大的失实，但当事司机何某的说法不无道理——记者没有采访过他。被监督的对象作为新闻当事人，记者没有听对方的讲述，对方就有了把柄。记者没有目睹事件经过，采写此稿时，全都是听乘客讲述。乘客都站在自己的立场说话，难免有失偏颇。而且，消息中讲到的两车在追逐过程中谁先谁后的问题，601路公交车改道行驶的问题，与事实确有出入。如果采访到当事司机，这些出入就可以避免。

据了解，当事司机何某是从某贫困县来南宁的，好不容易找到一个开公交车的工作，却因为越线驾驶而被解除劳动合同。这件事对何某是个教训，对媒体也是个教训：新闻报道，事事都要认真，特别是涉及一个人的饭碗时，更要慎重。这并不是说不对这些人的行为进行监督，而是强调监督必须是扎实的、可靠的，采访程序必须是完备的。

他变我不变　差点惹官司

2008年1月21日,《南国早报》第22版"市民之声·连线"刊登了一篇记者的电话追踪稿件,题为《电磁炉总也修不好?(主题)/答复:正在等厂家的零件(副题)》。稿件的内容大致如下:

　　容县何先生反映,他花了300余元在该县惠客隆商场买了一个电磁炉,使用不到半年就坏了。他把电磁炉拿到惠客隆商场维修部门维修,可修了一个半月都没见修好。他多次询问,对方都说电磁炉一直在玉林维修。

　　记者1月18日电话采访容县惠客隆商场维修部门。苏先生答复:何先生的电磁炉已经修好了,但是底座还缺一个零件,还在等厂家(在南宁)发送这个零件过来。我们也向厂家催促了几次,厂家又说还要到长沙那里去取这种零件,所以估计还要等几天。

　　记者还把维修部门的说法反馈给了何先生。

这篇小稿差点惹来一场官司。3月27日,报社收到惠客隆商场的诉状。诉状称:此文中何先生的电磁炉是在侨汇物资供应商店购买的,维修也不是在惠客隆商场维修部,而是在"华惠维修部"维修的,因此,报纸的报道"张冠李戴"。而且,在1月18日晚,维修部与何先生已经达成协议,19日换了一台电磁炉给他。报纸21日才刊登这篇报道,却并没有关于处理结果的信息。据此,惠客隆商场要求何先生和报社赔礼道歉,消除影响,并承担诉讼费。

按照诉状中的信息,编辑部要求编辑、记者了解以下四个方面的情况:

一、何先生在惠客隆商场购买电磁炉的证据,即发票。

二、侨汇物资供应商店与惠客隆商场是什么关系,两店是否相通,是否会误认?因为这两家商店是相邻的,前者在西大街63号,后者在61号。

三、报道中"惠客隆商场维修部的苏先生"是什么人,为什么他要代表商场接受记者的电话采访?

四、原告所指的"华惠维修部"是否在惠客隆商场内？如果在商场内，别人就有可能会误以为是商场的维修部。

经热线部主任到容县调查后得知，原来，惠客隆商场、侨汇物资供应商店、华惠维修部这三家企业都是同一个人创办的，法定代表人都是同一人。经过沟通，早报4月26日第11版刊登"调查反馈"之后，对方撤诉。

重新刊登的这个"调查反馈"达440字，比原来的报道还多100多字。

这个错误是怎么产生的呢？原来，就在记者1月18日进行电话采访之后，何先生再次到修理部询问，修理部遂于当晚提出给他更换一台同品牌新型号的电磁炉，也不用他补差价，且质量不低于原电磁炉。

1月19日，何先生如约前来修理部取货，并对修理部的处理方式表示满意。随后几天，何先生在拿到新的电磁炉、取得保修服务后，未及时向记者反馈相关情况，以致1月21日的报道未反映出修理部处理此事的全面情况。

编辑在编发稿件时，没有考虑到三天内可能发生的变化。

教训：

1月18日是星期五，记者采访之后提交稿件，而该稿件在21日（周一）才见报，中间的两天时间是周末，记者没有再问及事件进展。编辑在20日（周日）晚上发稿时，没考虑到这两天内事态的发展，未提醒记者再次联系当事人，最终出现"对方变了我方未变"的情况。新闻没有反映出最新的进展，以致被对方告上法院。虽然最后对方撤诉，但报社有关人员为处理此事也费了不少精力。

有些读者向媒体投诉时很积极主动，经媒体介入，问题得到解决后，时常不及时向记者反馈处理结果。这就要求记者要有主动性。

编辑部根据版面情况压稿件、缓发稿件，这是经常遇到的。但重新编发"旧稿"时，一定要让记者了解事件的最新进展，或补充最新的新闻由头。如果新闻事件发生了变化而稿件不变，那就成了旧闻，弄不好还会像"电磁炉事件"这样引起不满、惹来官司。另外，不能把最新的进展报道出来，也对不起读者。

号码错一个　电话一连串

2010年4月7日,《南国早报》第4版刊登《中国福彩双色球第2010038期开奖公告》中,公布了中奖的6个红色球号码和1个蓝色球号码。当天,早报新闻热线接到几十个电话,指出蓝色球号码登错了。当天的新闻热线几乎成了"纠错热线"。

看了报纸刊登的号码后,有些市民兴冲冲地到彩票投注站兑奖,发现投注站公布的号码与早报刊登的不一致时,还与投注站工作人员发生争执。有些市民在来电中要求报社兑奖。当然,也有些中奖的彩民以为自己没中奖。

原来,报纸刊登的蓝色球号码是"11",而正确的应为"01"。这是校对人员未认真核对而造成的差错。《南国早报》4月8日刊登了更正。

教训:

一个号码错误,引起彩民如此大的反应,说明"办报无小事"。一般性的错别字,读者能识别,而对于具有实用性的号码出了差错,就会对市民生活造成影响。

类似的号码差错,还出现在电话号码上。报纸时常会刊登一些部门的举报、咨询电话,也曾因为错了一个数字,导致举报、咨询电话打到某个市民家里去,干扰了该市民的正常生活,而正常的举报、咨询却得不到反映。对于这类电话号码,报纸在刊登前,记者或编辑应当拨打一下,试试正确与否。

听人这么说　岂是亲眼见

2010年3月10日,《南国早报》第15版刊登消息《面试后要收几百元服装费》。大致内容为：两个公司在网上发布招聘信息,对一些前来应聘的人员进行简单面试后,就收取几百元服装费。记者对两个公司的招聘环节进行了暗访,并通过工商部门查询得知,这两个公司根本没有注册。

消息见报后,广西人才网认为报道不实,因为他们没有发布过这两个公司的招聘广告。

这条消息是一名实习生独立采写的,文中还有"笔者登录广西人才网看到"这样的字眼,怎么会不实呢？

经查,实习生承认,她并没有登录广西人才网,当然也就没有看到网上的内容。所谓的"看到",是报料人看到的,内容也是报料人告诉她的。经与报料者联系和核实,证实这两个公司是在另一家网站上发布的广告。

3月16日,《南国早报》第16版刊登了作者署名的"更正",并向广西人才网致歉。

教训：

有的记者(包括实习生和通讯员),把"别人看到的"当成"自己看到的",甚至把"听来的"当成"看到的",写得活灵活现,而对这些内容却不加核实、求证。把二手材料当成一手材料,这种新闻"二传手",说轻一点是偷懒,说重一点是对新闻的真实性不负责任。拿本例来说,作者只要上网一查,就知道两个公司是在哪个网站发布的广告,但恰恰就是"省"掉这个举手之劳,造成了差错。

对于新闻工作来说,要尽可能地接近新闻源头,离源头越近,就可能越真实。如果一篇稿件不重视甚至模糊了新闻源,其真实性就要打个问号了。

消息本不长　更正两百字

2010年2月4日,《南国早报》第13版刊发消息《公安局门口,飞车贼抢夺两女警财物》。该消息说,防城港市一飞车贼一周内作案十起,时间不分白天晚上,最后被警方抓获。记者还在看守所的审讯室里采访了嫌疑人。这篇关于警方破案的消息见报后,当地警方认为其中有些细节与事实不符。

消息中有这样的情节:"1月26日,防城区分局两名女民警被抢,一个是中午,一个是傍晚,下班刚走出大门就挨抢了。"

防城区公安分局认为,这个叙述与事实不符:飞车贼的作案地点不是公安分局上下班的大门口,而是200米外的另一个出入口,因此,不可能出现"下班刚走出大门就挨抢"的情况;同时,"两名女民警被抢"也不符合事实,受害人只是分局内部聘用的女文职人员,不属于警察,且被抢的只是一人,另一人是随行的临时工,没有被抢。

该消息是一名见习记者与两名通讯员共同署名的。案件是由防城区公安分局治安大队和三个派出所联合破获的。记者采访时,参与破案的边防派出

所提供了一份材料，但记者未对材料内容进行核实，也未对涉及的单位进行全面采访。

2月8日，《南国早报》第17版刊登了"更正说明"：

2010年2月4日，本报第13版头条刊发了防城港市公安局防城区分局抓飞车贼的报道，文中部分内容特作如下说明。

其一，标题及文中称"公安局门口"，根据实际调查，案发地点不在公安分局民警上下班进出门口，而在距防城区公安分局门口右侧约200米处的防钦路某手机专卖店门口。

其二，标题称"飞车贼抢夺两女警财物"，调查为：被抢的一人是公安分局内部聘用的、不穿警服的女文职人员，随行的另一人为分局女临时工，没有被抢。

其三，犯罪嫌疑人禤某被防城区公安分局巡逻民警抓获后移交给防城边防派出所审查，不是边防派出所民警抓获。

这个署名为"南国早报编辑部"的"更正说明"，250多字，是《南国早报》近年刊登的"更正"中最长的一个。

教训：

这是一篇写破案的稿件，但在涉及嫌疑人的作案地点及作案对象方面，因采访不全面而导致个别细节失实。究其原因，首先，采访作风不严谨。记者只局限于听取有关人员的情况介绍、采用相关单位提供的材料，没有多问几个为什么。如果记者多问一句"被抢的'女民警'是否穿制服"，也许就会发现问题。其次，采访不全面。本案件由多个单位联合破获，但记者只根据其中一个单位提供的材料写稿，未采访其他参与破案的单位。这种"单一采访"，是最容易出问题的。

新闻报道的原则，是"真实、准确、全面、客观"。在这篇报道中，"准确、全面"有所缺失。这是很多记者不太注意的问题。总结过去发生的一些失实报道，往往是事件真实，但细节不准确；报道客观，但采访不全面。不准确、不全面就可能导致报道失实。因此，在坚持"真实、客观"的同时，还要在"准确、全面"上下工夫。

正面写报道　一语引不满

2006年11月3日，《南国早报》刊发记者采写的《六千万买断钦州自来水供水权》一文，引起了钦州市自来水公司的不满。

这本是一篇关于当地政府对自来水公司进行改制，让民营企业参与竞争的正面宣传报道，不料却引来麻烦。为什么会这样？原因在于文章中提到"一民营企业收购钦州供水厂，明年底，钦州市民可用上合格自来水"。

钦州市自来水公司供水厂的负责人认为，文章中提到"明年底，钦州市民可用上合格自来水"，意思就是当前钦州市民饮用的自来水不合格。但他们厂这些年生产的自来水，经检测均达到相关饮用标准。这位负责人称，文章见报后，当地市民纷纷质疑水质，导致该水厂的供水量大幅下跌，引起职工强烈不满。

教训：

这位负责人说的不无道理。当事记者也认识到，如果主流媒体公开报道一个地级市的自来水不合格，又未经过有关权威部门的发布，这势必会给社会造成混乱，甚至恐慌，也会损害媒体的公信力。

这件事的教训是深刻的：做正面报道也须擦亮眼睛，打起精神，防止顾此失彼，造成不必要的错误。

此前也发生过一起正面报道中因用语不当而引起的纠纷。2001年9月4日，"市民之声"版刊登了一篇表扬稿《303医院热心为病人》。大致内容是：该医院干部病房医务人员对一名卧床不起的老干部精心照料，其中有一次，该老干部便秘，医生更是用手为他抠出大便来。该文见报后，这名老干部的家属找到报社来，称该报道"有损家属名誉"，原因是该文在举了事例后有这么一段话："久病床前无孝子。就算是自己的儿女也难以保证做到这一点。干部病房的工作人员就是这样用胜似儿女的孝心服务于老干部，实在难能可贵。"老干部的家属认为,这几句话是影射他们做子女的没尽孝道,而实际上大部分时间都是他们照料的。报社和记者为此做了大量解释工作。如果当初写稿时或编稿时,把这几句话删掉,只叙述事实,不要把医生的工作跟儿女的孝心做对比,老干部的家属就不会有什么意见了。

没访当事人　终有后遗症

2006年11月28日,《南国早报》第8版刊登一篇通讯《磕磕碰碰事消融在警务室》。这篇宣传社区警务室的正面报道见报三年之后,文中的一名当事人向报社反映,报道中涉及他的内容不实。

这篇通讯分四个小标题,分别用不同的例子来说明派出所的调解工作成绩。其中第三个小标题为"熄灭同根相煎之火",内容如下:

今年(2006年)3月,南宁市秀灵路某厂有两兄弟,在继承父母遗产和安葬父母遗骨问题上发生严重纠纷。争执中，弟弟坚持认为大哥在父母健在时未尽孝，要将父母的房子划归自己名下；哥哥则认为弟弟霸道不讲理，且私自将母亲遗下的3万元归其所有，不同意父母的房子归其弟所有。矛盾发生后，兄弟俩分别将父母骨灰盒保存在自家里，问题不解决绝不安葬。大嫂为避前嫌，还不惜假离婚。今年其母亲忌日的晚上，兄到父母原宅烧香，弟大为不满，到派出所扬言要杀死其兄，并将此事电告远在贵州的大姐。

　　处理如此棘手的事，该所（即衡阳派出所）还是头一回。副所长黄世敏闻讯后，于当日凌晨4时带领刑警队张杭中队长赶到该厂宿舍，将兄弟俩带回派出所调解。

　　经过黄世敏4个多小时耐心细致的谈话和劝导，兄弟俩的隔阂终于解除，房子的争执随着法院的判决了断，母亲留下的3万元财物也有了主。经该所领导主持，兄弟俩双双签订协议，在清明节前将父母遗骨入土安葬，一场手足要相残的纠纷化解了。

　　就文章来看，这毫无疑问是一个关于社会和谐的报道。讲两兄弟和好，有什么不妥呢？谁也想不到，文章见报三年后，文中提到的"弟弟"张某找到编辑部，说当初的这个报道不实：（1）文中"扬言要杀死其兄，并将此事电告远在贵州的大姐"的说法不实，他并没有告诉他大姐；（2）关于文中"在清明节前将父母遗骨入土安葬，一场手足要相残的纠纷化解了"的说法，也不是事实，他与哥哥的恩怨至今都没有化解，他还在到处找他哥哥，因为母亲的遗骨还没有安葬；（3）此报道出来后，影响了他在社区的形象，有人指责他"居然要杀兄"。

　　事实真相究竟怎样？早报派人进行调查。

　　经了解，张某在社区是有名的孝子，大家都称赞他很孝顺母亲，甚至有些人都不知道他还有个哥哥。母亲去世后，兄弟两人发生矛盾，派出所来调解。张某称是迫于压力才与哥哥签订协议的，事实上双方的矛盾并没有化解。

　　那么，为什么事隔三年才来报社反映？这当中还涉及另外一起案件：张某在2007年借了32万元给闻某，而闻某的钱却被宾阳县的莫某骗了。在张某找闻某要钱的情况下，闻某于2008年9月3日约莫某见面。张某、陆某等四名男子，将莫某非法拘禁。第二天，莫某逃脱后报案，张某和陆某被宾阳县公安局抓获归案。2008年12月28日，因犯非法拘禁罪，张某和陆某分别被南宁市西乡塘区人民法院判处有期徒刑6个月。

刑满释放后，张某工作丢了，妻子离他而去。他也不知哥哥搬到哪里去了。张某认为，邻居们以异样的眼光看他——这与报纸当初的报道有关。

这事经过反复沟通，并协调西乡塘公安分局做工作，最终对方只提出一个要求，要求报道莫某诈骗案，澄清他坐牢的原因。

莫某以做药品推销生意为由，利用许诺付给借款人高利息等手段，在一年多时间里诈骗10多人，共计555万多元。2009年12月25日，南宁市中级人民法院一审宣判，以诈骗罪判处莫某无期徒刑，并处没收个人财产50万元。

这个诈骗案本身具有新闻性。2009年12月28日，《南国早报》以《被骗555万元，10余家庭陷困境》为题，对宾阳籍女子莫某诈骗案进行报道。该报道中，对张某作为一个诈骗案的受害人，是如何犯非法拘禁罪的，也进行了陈述。

教训：

《磕磕碰碰事消融在警务室》是记者与通讯员合作署名的，但记者并没有采访当事人。如果记者当初直接采访到张氏兄弟，就不至于出现后来的情况。张某认为，记者都没有采访过他，就把他家的事情写出来了，而且写得不符合实情。

部门的总结是有阶段性的，如果记者要从这些总结中找线索，并公开见报，就要重新采访，了解事件有无变化。就这篇报道来说，文中的这个调解事例是2006年3月的，而记者采写则是在11月。相差八个月的时间，记者就应该重新采访当事人。只有重新采访核实后，才能经得起当事人的检验，经得起大众的检验。经得起检验，是媒体承担社会责任的一种体现。

正面写先进 记者挨耳光

2001年7月，广西各主要媒体都采访报道了自治区公安厅的一名先进人物。这名先进人物是一名法医。《南国早报》一名女记者根据公安厅政治部提供的基本材料加上一些采访，稿子很快就写好，由记者与通讯员共同署名，于7月4日在《南国早报》见报。

见报后的第三天，记者来报社上班，刚进大门，就被门卫叫住，说有人找。来访者是两个30多岁的女人，一问清记者姓名，其中一个女人便挥手打了记者一记耳光。记者当时是一头雾水——我招谁惹谁了！事后才了解到，打耳光的女子是那名法医的前妻。据她称，她打记者的理由是报道中有这么

一句话:"妻子也常埋怨他工资还不如医院的医师,并最终由于不能忍受他工作太忙,不能照顾好家庭,和他分了手。"这句话让她无颜面对周围的人,而真实的情况并非如此。

夫妻离婚的原因,只有当事人清楚,而且这属于个人隐私,的确不该写进新闻报道中。

教训:

写先进人物的正面报道还要挨耳光,这在新闻界应该说是很少见的。后来,这名女记者总结:"这记'冤枉'的耳光也给我提了个醒,在今后采写典型人物等正面报道时,一定要采访所有相关的当事人。"

写正面报道也会惹出麻烦来,这给我们以警示:正面宣传同样也不能马虎,也要认真采访核实,要有分寸,不能为拔高一方而贬损另一方。在报道当前取得的成绩时,不要轻易地把过去说得一无是处,搞"今是昨非"。

对有关部门提供的材料或简报,要本着对读者负责的精神进行核实求证。

对记者而言,过于依赖部门简报,就容易失去独立判断力。部门简报毕竟是内部的工作简报,看到的人不多,就算其中有什么差错,内部人一看就知道是打印错了或校对出错,在部门内就能消除错误,不会造成什么社会影响。大众传媒则不一样,一份报纸有几十万上百万读者,其判断能力千差万别,有些人是不能辨别报纸上的错误的,有的人还可能别有用心地夸大、渲染这种错误,这就会造成不良后果。

第二编

《当代生活报》案例

执行编委
　　陈　璞　刘游辉

虚构"假钞公司" 杜撰猛料"新闻"

2002年10月24日,《当代生活报》头版刊发了一篇记者调查的新闻,标题为《短兵相接"假钞公司"》。文中写道:

  10月20日晚,广西大学黄老师在学校的大门口一超市购物时,从被保管的摩托车尾箱上得到了这份印刷很精美的小广告,落款是"鑫光贸易公司"。记者看到,广告的后面还印着"你来我来大家来发财,财富任我来",极具煽动性的两行字。

  以诱人条件,打出售假钞票小广告的"假钞公司"有谁近距离接触过?近日,记者循踪觅迹,与"假钞公司"较起了劲。

  10月22日晚8时30分,记者和两名便衣警察装扮成老板带女秘书模样,驾上事先准备好的轿车,来到应约的广西某高校花园后门光线较暗的空地等"老板"……

2002年10月23日晚,夜班编辑和值班总编在稿库中看到由记者部记者提交的这篇题为《记者直击"假钞公司"》的"新闻调查"。因为记者在文中自称是和两名便衣警察与"假钞公司"较劲的,夜班编辑和值班总编以为是记者部布置采写,故没有与警方联系并咨询有关情况,也没有对该稿件内容的真实性作进一步核实。编辑把标题改为《短兵相接"假钞公司"》后刊发。

文章见报后,南宁警方对此高度重视,派出警力展开侦破工作,却没有发现"假钞公司"的存在,要求当代生活报配合南宁警方查清事实真相。当代生活报与南宁警方多次做该文采写记者的思想工作,希望他配合警方查清此事。该记者终于承认,这是一篇严重失实的新闻,情节大都是虚构的,尤其文内所说的两名便衣警察纯属子虚乌有,暗访的情节也是虚构的;而且其所谓的"暗访",完全是个人行为,记者部分管热线的主任并不知情。

最终,当代生活报在报上进行了更正道歉,并立即辞退了该记者,并对其他相关责任人进行了处罚。

教训：

此稿属凭空捏造的假新闻，不仅影响了媒体的公信力，而且也损坏了新闻记者的形象。那么，为何这篇由记者杜撰的虚假报道能够"一路绿灯"呢？教训何在？

记者采访不深入，作风不扎实，编辑工作不细，值班总编把关不严，这是绝大多数假新闻见报的原因。但是，这里还暴露出新闻从业人员的一个潜意识问题，那就是片面追求新闻的"显著性"和"轰动效应"。试想，如果发现的只是一张假钞，又有哪个记者愿去采访？还有哪个总编辑会签发？因此习惯成自然，记者写稿、编辑编稿、总编辑发稿时，往往有意无意地要凸显其"显著性"、"轰动效应"。于是，造假的记者就可能会不择手段制造出"显著性"和"轰动效应"的"新闻"来。可见，虚假的社会新闻之所以屡禁不止，主要还是与传媒的领导及记者、编辑的认识有关。

从《短兵相接"假钞公司"》的采访环节来看，确实存在管理上的漏洞。首先，按规定，记者实施新闻暗访，须向部门主任请示同意后方能操作。但事实上该稿件刊发后，记者部主任才获悉此稿，可见管理上存在严重漏洞。其次，按规定，记者进行的一切采访活动须做新闻预报，然而，此时的采访环节处在粗放的管理状态中，缺乏行之有效的管理制度，让造假记者钻了规章制度的漏洞。

从《短兵相接"假钞公司"》发稿的过程来看，值班总编、编辑不可谓不认真，但假新闻最终还是出笼了。究其原因，就是因为他们认为，此稿是在警方配合下完成的，故没与警方取得联系并咨询有关情况。"宁信其无，不信其有"，这是中外新闻界的至理名言。出于职业习惯，新闻编辑必须对所有消息都持怀疑态度，只有经过广泛的求证，排除疑点之后，才能发表，否则宁可放弃。其实，拆穿"西洋镜"并非难事，只消一个电话打给南宁警方相关部门，工作难度并不大，却无人去做，以致假新闻得以见报。

金融政策历来是个敏感的话题，此稿涉及金融市场的稳定和安全，值班编辑和总编没有意识到此稿刊发之后带来的负面效应，说明他们的把关意识和政策意识不强。透视此篇虚假报道，我们的媒体是否意识到自己肩上沉甸甸的责任？我们的记者是否意识到自己手中那支笔的分量？

部分细节有缺失　输了官司又赔钱

2006年7月27日,《当代生活报》刊发《"绝命书"拷问农村"老来难"》一文。文中写道:

　　7月中旬的一个下着大雨的深夜,南宁市邕宁区刘圩镇的84岁老人玉某某,因为患病而独自外出找医生,之后却再也没回家。天亮后,村民在一张水塘里发现了老人的尸体。由于老人生前曾留下一篇被村民称为"绝命书"的文章,一时间,对于老人的死,村民议论纷纷。

　　记者看见,老人的绝命书写在一个香烟的外包装盒上,题目为《老来难》。据了解,这是老人生前口述并由一名曾当过教师的村民代写的。在七字一句的文章里,老人流露出对于老年生活的无奈,其中,有几句

是这样写的："我在世间皆有子，回忆往年娶媳了，只望安然度晚年，谁知子媳无忠孝，每日三餐无过问，衣服褴褛不支持。"

对于老人的死，不少村民将矛头指向了老人的儿女，认为老人之所以要在一个下着大雨的深夜独自外出，完全就是老人的儿女不孝顺。

据了解，老人共有四个儿子和两个女儿。记者在采访过程中，当提到老人与儿子的关系时，很多村民就摇头。

记者找到了老人的三儿子玉某。今年45岁的玉某说，他住在父亲家的隔壁，当晚他不知道父亲身体不舒服，也不知道他独自离家。他告诉记者，由于几兄弟的经济条件都不好，对父亲的照顾是心有余而力不足。他说，父亲的田地，几兄弟是轮流帮着耕种的，其他方面是能照顾就照顾了。

文章见报后，老人的其他子女以记者没有采访他们、文章对他们的描述与事实不符为由，要求《当代生活报》登报更正道歉，并赔偿名誉损失费。在当代生活报未能满足他们提出的条件后，他们将当代生活报告上法庭，要求更正道歉，并赔偿名誉损失费1万元。经法院调查认定，这篇报道确有部分细节失实，遂裁定当代生活报赔偿1500元名誉损失费，并在报上公开更正道歉。

教训：

这篇新闻，是用钱买来的教训。记者在采访这篇新闻的时候，应当说抓住了新闻的主要事实，那就是老人独自外出寻医无果，最后命丧水塘。但是记者在求证老人留下的绝命书所反映的内容时，却犯了致命的错误。

老人在绝命书中称"谁知子媳无忠孝，每日三餐无过问"。老人共有六个子女，但记者仅仅采访了其中的一人，便主观臆断，妄下结论。最终导致报社吃官司赔钱。

我们说，真实是新闻的生命，偏离了真实的新闻就失去了立足点。因此记者在采访当中，应当对自己所陈述的所有新闻事实负责，不仅要求基本事实真实，也必须做到细节准确、真实。臆断、推理都不能成为记者处理新闻的方法。

轻信通讯员 "新闻"出大错

2008年12月16日,《当代生活报》以《摩托车2009年度交通规费开始征收》为题,独家报道广西开征摩托车2009年度交通规费的消息。

消息见报后,第二天还被同城其他媒体刊播,引来摩托车主们的一片质疑——此前国内媒体已经报道,2009年我国将实施成品油税费改革,取消以前在成品油价外征收的公路养路费、公路运输管理费等六项收费。在这种情况下,广西还开征2009年度摩托车交通规费,岂不是双重收费?带着这些疑问,读者纷纷打电话向交通部门咨询。南宁市交通部门也来电对报道的真实性提出质疑,因为如果自治区交通厅决定开征2009年度摩托车交通规费,肯定会先于媒体通知各地交通局,如今却从未收到交通厅的通知,岂不蹊跷?

这篇报道刊发才两天，12月18日，国务院印发通知，决定从2009年1月1日起实施成品油税费改革。这证实了这是一则失实新闻。

经核实，这则消息是广西交通厅信息中心的一位通讯员提供的。为了抢新闻，记者在未经进一步核实的情况下，便署名刊发，导致了失实新闻的出笼。有关开征2009年摩托车交通规费的通知是早就拟好了的，因有新政策，广西交通厅并未形成正式文件下发。通讯员不承认消息是由其提供的，不愿更正致歉，报社最终以编辑部的名义更正道歉。

教训：

这是一篇不折不扣的失实报道。其行为与"客里空"无异，其性质已属假新闻范畴，教训极为深刻。

教训一：记者不能存在"等、靠、要"的思想，不能过分依赖通讯员。得到通讯员提供的稿件后，首先，要以高度的责任感审核稿件；其次，要做深入细致的调查核实；第三，未经核实的通讯员稿件，千万不要贸然刊发。

教训二：过去，通讯员提供的纸质稿件上盖有所在单位的公章，白纸黑字，假如出了问题，责任清晰。如今，通讯员提供的往往是电子稿件，没有签署所在单位意见和公章，如果出了问题，很难查清谁是责任人。

这条失实新闻的出炉表明，记者缺乏政策敏感性。此前，国内媒体已经报道，2009年我国将实施成品油税费改革，取消在成品油价外征收的公路养路费等六项收费。在这个时候收到与国家政策背道而驰的通讯员来稿，记者理应再向通讯员进一步求证。

本非我所为　不该冤枉我

2009年8月6日,《当代生活报》刊发《出入牌不是"免责牌"　物业担三成赔偿责任》一文,文中写道:

近日,南宁市江南区人民法院对一起电动自行车失窃索赔纠纷作出判决。失主是在领取小区出入牌后,电动自行车失窃,为此,车主凭着手中的出入牌,状告小区物业部门。结果,法院判决:小区物业要担30%赔偿责任,赔偿车主480元购车款。

今年3月10日下午,南宁市民陈某骑电动自行车到江南区丽江村小区一朋友家做客。进小区门口时,他从保安处领取了一张车辆出入牌。当晚,他准备离开该小区时,却发现车子不见了。为了赶最后一班公交车，陈某请求保安继续帮忙寻找车子，然后就匆匆离开了小区。

文章见报后，南宁市中房物业管理公司丽江村小区物业管理处来电，说"出入牌"事件不是在他们小区发生的，要求报社立即更正道歉。

经调查，原文是通讯员提供的一份通稿，这个新闻的素材来源于南宁市某法院的审判案例。但记者在补充新闻内容时，仅通过电话向通讯员采访，既未看到判决书，也未对时间、地点、当事人等新闻要素进行认真核实，误将事发地点"宝地小区"写成"丽江村小区"，然后联合署名刊发。

接到丽江村小区物业管理处投诉后，当事记者对此并未引起足够重视，不但没有及时与稿件原作者沟通，反省自己的疏漏、错误之处，反而还对物业管理处说，这是法院提供的，叫他们去找法院。在对事情的处理过程中，记者的态度和方式、方法都不恰当，导致读者的投诉久拖不决，事情越闹越大。后来南宁市中房物业管理公司要求报社更正道歉，并赔偿名誉损失费。后来，经过多次协调，当代生活报最终登报更正道歉，并赔偿了一定数额的名誉损失费。

教训：

一是认真核实通讯员来稿。记者、编辑接到通讯员的来稿后，要以负责的态度认真核实内容，特别是对时间、地点、当事人、事实关键细节等更要一一落实，否则，一字之差都会造成新闻的失实。

二是及时处理读者的投诉。接到读者的投诉后，当事记者要认真对待，抱着"有则改之，无则加勉"的态度及时处理，以维护新闻的真实性。特别是对于因自己的责任而产生的错误，要勇于认错，诚心诚意地向对方检讨自己失误的原因，以免今后重蹈覆辙，并主动提出补救方法供对方选择，最大限度地争取得到对方的理解、谅解，防止事态恶化。在处理读者投诉时，记者绝不能抱着"无冕之王"的心态与投诉者争辩，更不能坚持错误，堵死善后之路。

配文图片欠思量　伤及无辜惹麻烦

2008年9月15日,《当代生活报》刊发《为了千家万户的团圆　他们在岗位上过中秋》一文,报道了中秋之夜,南宁市一些特殊岗位的工作者仍然坚守岗位,不能与家人团圆的事迹,赞扬了他们默默奉献的精神。文章是一篇正面报道,没什么问题。但问题却出在了配图上。配图的内容是:一位负责危重病房的医生在中秋之夜坚守岗位,给一位正在输氧的患者测体温。

图片见报后,引起了病人家属的强烈不满。病人家属称,病人是他们的父亲,因为母亲患有心脏病,不宜受刺激,所以他们向母亲隐瞒了父亲病重住院的事情。《当代生活报》登出其父亲头部挂着各种治疗胶管躺在病床上的图片后,被病人家属的母亲看到,母亲受不了刺激,心脏病发作,病情加

重。病人家属因此多次到报社讨说法，要求报社为此负责，赔偿一定数额的精神抚慰金。经报社相关负责人多次与病人家属协商，最终达成了和解，报社领导亲自登门道歉，带上慰问金到医院看望他们因病住院的母亲。当代生活报相关负责人为处理此事，耗费了大半个月的时间，既劳心又费力。

2008年12月26日，《当代生活报》刊发《低价猪油现身菜市场　市民质疑：这些油能吃吗？》一文，在质疑低价猪油的卫生状况的同时，暗访到了批发低价猪油的地点。

文章采访很扎实，没有什么纰漏。编辑在处理文章的配图时，选择了一张拍有两个卖油铺面的图片。编辑将图片上批发低价猪油铺面的名称、电话均做虚化处理，但对与该铺面相邻的并没有问题的一村香花生油铺面，编辑却未将其店名和电话处理掉。问题就出在这张配图的处理上。

该图片见报后，一村香花生油店主认为，该图片易让人产生误解，一看就会认为一村香铺面才是低价猪油的批发点，于是找上门来要求当代生活报登报澄清。经交涉，报社按其要求在相同位置，发了一篇正面宣传其油品的报道。

教训：

新闻图片除了要精心拍摄，还需要精心编辑。但现状是：我们的很多记者在拍摄图片时只管按快门，随意拍几张就走人；我们的许多编辑往往只注重对文字的编辑，而忽略了对新闻图片的精选和编辑，忽略了对新闻图片中一些细节的处理。这是当前新闻采编人员的"通病"。

摄影记者在拍摄时首先要考虑拍摄的角度和构图，如何才能突出新闻事件或人物的主体。尤其是拍人物图片，一定要分清哪些情况下要拍正面，哪些情形下只能拍侧面或者背影。如宣传正面人物的一般是拍正面图片，针对犯罪嫌疑人的一般是拍侧面、背影或者低头看不到面部的图片，对病人一般是拍看不到面部的图片，等等。说起来大家可能都懂，但做起来有的记者就忘记了。

在医生节日坚守工作岗位一文中，配图应该以医生为主体，用病人的侧面或背面做背景。但记者拍的图片的主体却是病人插着呼吸治疗胶管的正面图片，场景不是很雅，有多少病人愿意将自己这样的图片见报？病人家属看了更加不高兴，何况还有家属向其有心脏病的母亲隐瞒病情这一背景。这就提醒我们，在配图时要对与文章内容没有关联的人和事物进行技术处理。尽量不要使用病人的正面图片，如用，应该征得病人同意，以防无意中透露他人隐私。

再说卖低价猪油铺面一文的配图。记者在拍摄时，完全没有必要把另外那家无关联的铺面也拍进去，编辑在处理图片时对有问题的那家铺面的相关信息进行了虚化处理，却没把没问题的"一村香"铺面从图片中裁掉，且不作虚化处理，读者一看图片，首先就会认为曝光的铺面就是"一村香"，因此，对"一村香"铺面造成伤害。这提醒我们，新闻图片跟文字稿件一样，也是要精心编辑的。细节决定成败，在舆论监督性报道和批评报道中，尤其要注意图片的细节，要看看图片是否会伤及无辜，要把与新闻内容无关联的人或物，从图片中裁掉或虚化处理，以避免误伤。

专用名词乱简称　政策解读成误读

2005年1月2日,《当代生活报》刊发《国税局昨起直接征收契税》一文。文中写道:

>　　记者近日从自治区税务部门获悉,从昨日起,契税将由国税局直接征收,由其他部门为业主办理房产证并代为征收房屋契税的做法在2004年12月31日正式停止。据了解,2005年需要缴纳契税的市民要到所在地的税务机关,或者到办理土地、房屋权属转移变更登记手续的场所设立的契税征收网点缴纳;如果是个人拆迁购买房屋,办好了各种手续的可以当场办理契税减免;市民可以携带具有银联功能的银行卡来缴纳税款。

消息见报后,立即引起南宁市财政局的反应。该局说,"房屋契税"与"契税"是两个不同的概念。根据国家税收政策法规规定,"契税"属地方税种,是农业税收中的一种,由地方财政征收机关直接征收;而"房屋契税"则属于国税的一种,在2005年以前,由国税局委托其他部门代征。因此,这篇报道将"房屋契税"和"契税"混为一谈,误导了读者。南宁市财政局要求报社更正,消除不良影响。

由于记者对国家税收政策没有充分了解，在文章的标题和内文均将"房屋契税"简写成"契税"，结果导致了张冠李戴的差错，不得不进行更正。

2007年11月19日，《当代生活报》刊发的《我区今起开通小额支付系统跨行通存通兑业务（眉题）/2万元以下跨行存取款有望2分钟内搞定（主题）》一文，也有类似现象。

文章标题将"跨行存取款有望2分钟内搞定"写成"2万元以下跨行存取款有望2分钟内搞定"；内文将"2006年6月26日，中国人民银行组织建设的小额支付系统完成并在全国推广运行……"写成"……2006年6月26日，中国人民银行组织建设的小额支付（2万元以下）系统完成并在全国推广运行……"，结果标题和内文都要更正。

教训：

这两则都是解读政策落地的新闻，对涉及政策解读的稿件一定要权威、准确。对政策中的专用名词和术语不能随意简称或省略，也不能画蛇添足。

各种政策术语专业性强，改一字、多一字或少一字，意思就变了。记者擅自把"房屋契税"简称为"契税"后，税种就完全不同了；记者在"小额支付"后面加上"（2万元以下）"也与原政策不符。这就提醒我们，跑线记者一定要加强行业知识学习，熟悉行业常识，努力使自己成为该行业的行家。在解读政策前，记者首先要把政策弄懂，请权威部门的负责人或专家帮助解读，成文后最好送业务主管审阅，千万别想当然地按照自己的意愿改动，否则"差之毫厘，失之千里"，不但误导了读者，也影响到报纸的权威性和公信力。

历史知识欠缺　低级错误难免

2009年7月17日,《当代生活报》刊发的《"老八路"希望与老战友再相聚》一文中,出现了"1945年2月参加红军"的笑话。文中写道:

> 1945年2月,不满20岁的张敬连在喧哗的锣鼓声中,由乡亲父老"护送",从老家江苏丰县王沟乡张河村到县里参加了红军。当时,年轻的张敬连被编在了八路军某部。

抗战期间,根据国共合作的相关规定,中国共产党领导的中国工农红军分别改编为国民革命军第八路军和新编第四军。"1945年2月参加红军"的说法,从何谈起?

2009年7月21日,《当代生活报》刊发的《请为广西推荐的"双百"候选人投一票》一文中,也出现类似的常识性差错。文中写道:

> 李明瑞……1929年任广西军事特派员、广西绥靖司令兼国民党军整编第15师师长等职,与广西壮族自治区主席俞作柏一起主政广西。

广西壮族自治区1958年才成立,1929年何来广西壮族自治区?

教训：

新闻工作者必须是一个杂家，要有广博的知识面，只有这样才能使每一篇报道都准确。我们且不说中外新闻史上那些赫赫有名的记者，是怎样写出轰动一时、流芳百年的新闻作品，单是从新闻的真实和准确这两个最基本的要求来说，也要求记者有一定的知识面。这不仅是对记者最基本的素质要求，也是我们写出准确报道的基石。

知识面的广博有助于拓宽记者的思路，从而能从纷纷扰扰的大千世界中发现新闻。时下，每个都市类报纸的记者都倍感市场竞争的压力，一谈到要学习，就大叹力不从心，没有时间。其实，这也是一个误区，不是说有大块的时间才能学习，没有大块的时间就不行。说到底，这是一个学习态度与方法的问题。现今社会，是一个知识爆炸、信息爆炸的年代，知识和信息无处不在，只要我们稍加留意，不论从电视里还是从报纸上，或是从网络上，甚至从手机里，都能学到一些新的知识。只要养成了良好的习惯，知识就会积少成多，知识面自然就宽了。另外，碰到不清楚的问题，一定要查阅资料，或是向专家请教，尽量避免出现类似的低级错误。

urrence
第三编

《南国今报》案例

执行编委

黄 荣　李成连

广告侵了权　报社要赔钱

2003年11月21日《南国今报》第2版刊登一则广西柳州谷埠街国际商城落成的整版广告,广告的背景图片是一张龙城夜景的图片。广告刊出后,柳州一名专业摄影者蒙某向柳州市中级人民法院知识产权庭状告广西日报社(《南国今报》的上级法人单位,下同)侵犯其著作权。蒙某诉称《龙城夜景》的照片是他拍摄的,于2002年9月在广西美术出版社出版的摄影集《当代柳州艺术作品集》上发表,依法享有著作权。被告未经作者许可,在谷埠街国际商城营销广告中,使用原告享有著作权的摄影作品《龙城夜景》作为广告的背景,并把开发的国际商城构图添加在原告的作品中,侵犯了原告摄影作品的署名权、使用权、获得报酬权和作品完整权。

经柳州市中级人民法院知识产权庭审理,于2004年9月27日作出判决:第一被告柳州市××房地产开发有限公司(广告业主)、北京××房地产经纪有限公司(广告设计者)构成作品著作权侵权,应停止侵权行为。以上两公司在《南国今报》上刊登启事向蒙某赔礼道歉并共同赔偿损失6000元,律师代理费1375元。被告广西日报社(广告刊登者《南国今报》)返还侵权所得利润3000元。

教训:

这是《南国今报》迄今为止发生的唯一一起因广告引发的诉讼官司,教训十分深刻。这件事提醒我们,一定要严格遵守《广告法》等相关法律法规。作为广告刊登发布者的媒体,当广告本身构成侵权时,虽然广告内容由广告业主提供,其广告设计也是广告业主委托他方设计,但按照《广告法》规定,媒体刊播广告要对广告内容进行审查,否则构成侵权后要负连带责任。

此案中,《南国今报》作为广告发布者,没有尽到审查原图片的著作权归属的义务,没有征得原图片的著作权人的同意,就擅自刊发。媒体广告审查人员必须认真学习《广告法》和其他有可能涉及的法律法规，了解哪些是可以登的，哪些是不能登的，哪些是必须征得相关人员同意后才能登的。就此案来说，如果《南国今报》的广告审查人员熟悉相关法律规定，发现广告中有这样一幅图片，就应该寻找该图片的作者，就版权问题与作者协商，侵权官司也就可以避免。

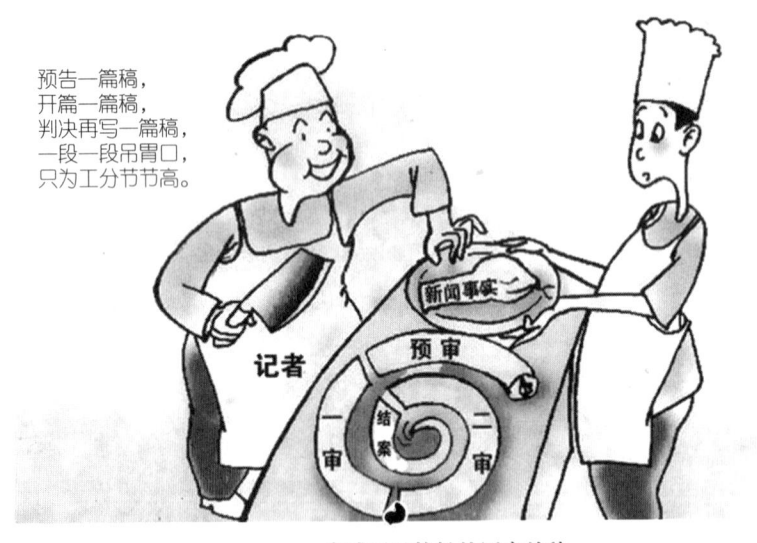

预告一篇稿，
开篇一篇稿，
判决再写一篇稿，
一段一段吊胃口，
只为工分节节高。

——有感于马拉松的写案件稿。

（蒋钦挥/文、全君兰/绘，原载《新闻潮》2005年第8期）

坠楼出意外　　事出别有因

2009年7月26日《南国今报》第3版刊发《才刚工作，你怎么就去了？》一文。

这篇报道实际上是一篇后续报道。7月24日晚，广西柳州市雅儒路某单位宿舍发生一起坠楼事故，一名刚参加工作几天的应届大学毕业生从宿舍高处坠下。由于事发时是夜晚，记者赶到现场大致了解了情况后，以《参加工作没几天，大学毕业生意外坠楼》为题刊发在《南国今报》2009年7月25日第7版。这篇报道，由于讲述的是事情的客观发生经过，不存在任何问题。

7月25日，记者来到医院了解事情的进展，发现这名坠楼的大学毕业生已经死亡。为了了解这起坠楼死亡事件背后到底还有没有其他原因，记者向

医生打听了死者的一些具体情况，以及死者家属对医生说了一些什么。7月26日，《南国今报》第3版刊登了此事件的后续报道。

没想到，后续报道惹来了麻烦。死者家属对文中"蔡某母亲回忆称，蔡某患有慢性前列腺炎，担心前列腺炎会影响未来人生"这句话提出质疑，认为蔡某并没有患前列腺炎，而且报纸这样登出来，不仅是对死者的侮辱，同时也给死者家属造成了精神伤害。

为了妥善解决此事，南国今报不得不向死者家属赔礼道歉，并给予死者家属一定数额的抚慰金。

教训：

涉及当事人隐私的新闻一定要慎重处理，避免引起一些不必要的麻烦。

第一篇报道客观公正，不存在任何问题，为什么后续报道却引来了麻烦？说到底，就是记者的猎奇心理，想方设法要知道死者为何坠楼。记者"打破砂锅问到底"，还真问出来了部分原因。但是，记者却忘了一个重要的后果，死者的隐私被披露出来，其家属心里会好受吗？

其实，从新闻的角度来说，坠楼意外事件写了，后续报道确认其死亡已经足够了，具体是什么原因导致其坠楼，其真正原因谁也无法知晓，何必再去作猜测，害得死者家属有意见？

身心俱已伤　媒体还曝光

2005年7月9日《南国今报》第4版刊发《遭人玩弄4载　伤害其妻泄愤——受害人变成行凶者被拘留》一文。文中写道：

　　阿桂含泪讲述了自己四年惨痛的经历。她说，她于2001年7月在一次朋友聚会时认识男子韦某。韦与她同龄，是柳邕路某玻璃厂的一名工人。刚开始，她不知韦已婚且有个女儿，而韦也对其欺瞒。他们相识后才几天，韦便将其骗到他在厂里的宿舍，把她强暴了。后来，她便与韦相处，韦每次见面都把她带到旅社开房。不久，她感到身体不适，经医院检查，竟是怀上了宫外孕。9月13日，她不得不到柳州妇幼保健院做手术，由于病情特殊，医生在手术中将其一根输卵管切除，并告诉她今后将难以生育。

原来，2005年7月6日，柳州市柳邕路农贸批发市场附近发生一起伤人事件，女青年阿桂（化名）将骑自行车过路的妇女欧某打伤。事发后，阿桂被五里卡派出所民警带回调查。警方对该案定性为治安案件。记者得到消息后对此事进行了采访。在面对面采访阿桂的过程中，了解到阿桂原是一名受害者，之前她被欧某的丈夫韦某欺骗，韦某以谈恋爱为名与她不正当来往四年。其间，造成她宫外孕，导致输卵管被切除，丧失了生育能力。而后，韦某没有按其原先的承诺，与欧某离婚而与阿桂结婚。阿桂人财两空，加之身体受到无可弥补的损害，感到被骗，便把愤怒转向韦某妻子欧某，对欧某实施报复。

尽管报道是真实的，但被报道者仍然以该新闻侵害其隐私、损害其名誉为由诉至法院。南国今报在法庭上经过据理力争，答辩意见获审判法官采纳，最终判决本报不构成侵权。

教训：

所幸的是，记者在写作中对此事件的报道只立意于法律宣传，对事不对人，没有直接点出当事人的真名，并且采访时得到了被采访人阿桂的同意。但是记者没有让当事人写下书面同意书，结果刊出后当事人觉得有舆论压力，故而起诉。

全面真实地向社会公众披露新闻事件的信息是新闻传媒最基本的职能。但就一个具体的新闻事件来说，"全面"与"真实"必须在法律规定的范围内进行。在这篇报道中，记者为把阿桂由一个受害人到一个违法嫌疑人的转变过程向读者交代清楚，就将采访中阿桂的自述及许多相关细节甚至隐私都写入了文中，这也因此成为被当事人指控侵犯隐私权的把柄，引发了一起名誉侵权诉讼。

事实上，当事人阿桂不仅身体遭受伤害，心理上也备受折磨，本来就很难受了。这篇报道还往其"伤口上撒盐"，将其受到的伤害公开报道出来，而且文中所提及的身体上的伤害更是一名女性不想让别人知道的隐私，可以想见阿桂在见报后的难受程度。

此案给我们的教训是，新闻报道所追求的"全面"与"真实"，还应服从于法律的规定，在新闻真实的前提下，必须遵守法律，要保护当事人的隐私，要学会舍弃一些让当事人反感、从而导致纷争的具体细节。

为了找看点　编辑乱定性

2004年6月23日《南国今报》第4版有一篇报道，标题很是醒目——《酒后司机撞死"好色"青年》。

事实果真如此吗？

2004年6月22日，融安县一名通讯员来稿，报道了6月20日晚上融安县浮石镇发生的一起车祸：一男青年在过马路时只顾着与路边店的女子打招呼，未注意身后车辆，结果被一名酒后驾车的司机撞死。来稿原文标题中有"好色青年"字眼，该版编辑认为这是一个新闻眼，而且颇有"看点"，就保留在标题上。稿件见报后引起死者家属不满，他们认为死者和人打招呼不能就说成是"好色"，而且还指责用如此标题报道，是为撞死人的酒驾司机开脱罪责，从而将广西日报社（南国今报）诉至融安县法院。报社与死者家属协商，就"好色"的不当定性向死者家属道歉并作适当慰问，原告方才撤诉。

教训：

新闻标题追求抢眼本来无可厚非，但过犹不及。这就是一个过分追求眼球效应而画蛇添足，最后导致失误的案例。

这个案例的一个重大失误就是乱扣帽子。文章只是提到死者过马路时光顾着与路边店女子打招呼，结果不幸被撞死。但并不等同于他就是个"好色青年"，在这里无故给他扣上了个"好色"的帽子，就丧失了新闻从业者客观描述新闻事实的立场，加入了主观猜想，实为新闻从业者的大忌。

另一个失误是追求低级趣味。实际上"好色"根本算不上一个新闻眼，一个好的标题应该是精练、贴切的，能引起读者共鸣，留下深刻印象，而且还能起到健康向上或针砭丑恶现象的效果。编辑将"好色"作为标题的新闻眼保留，其实是对低级趣味的迎合，失却了媒体引导社会进步的责任心。

记者就要跑　细节最重要

2005年2月3日,《南国今报》第7版的"民生热线"专栏上,刊出一篇题为《日夜被人"下毒" 见谁都像"罪犯"》的文章,内容说到柳州市一单位宿舍里的一名姓×的女子,被疑患有被害妄想症:

  一名姓林的女士近日从南宁向今报热线反映,她有位50多岁的女性朋友×女士,独自居住在柳州市某单位宿舍,近段时间多次说有人要害自己。对此林女士很担心,希望记者去帮忙看一下。记者走访后发现,×女士一些令人难以理解的行为,愁煞了她的邻居和所在社区。

记者通过向×女士所在的社区、物业管理、邻居、原单位等多方了解后,又向心理医师咨询,被告知她可能有精神疾病,建议入院就诊。记者根据这些调查、×女士的现状及医生的说法,写出一篇长达1700字的调查稿件。比如,文章中写道:"记者就×女士的情况咨询了柳州市工人医院心理医生马××,马怀疑×女士患上了被害妄想症。""×女士年轻时在单位是个部门领导,眼光颇高,结果耽误了终身大事,现在50多岁无儿无女,亲戚又都在外地,这很可能就是导致她患病的主要原因。"

文章刊出后,×女士数十次上门,要求记者赔偿名誉侵权费、精神损失费。

记者在后来总结这篇文章失误的原因时,认为犯了"取舍不当"的错误。当时在了解清楚×女士的情况后,只要动员她的亲人或社区,把她送去医院诊治即可(事实上协调解决这一纠纷后,还是在记者的帮助下,将×女士送去了医院治疗)。但记者认为自己花了那么多的精力去采访,不出稿件就白辛苦了,于是将调查的整个经过、旁人的说法全部报道出来。

教训:

这篇文章借用他人之口指称×女士有精神病。经过咨询法律顾问,得知一旦被起诉,报社就将陷入两难的境地:如果×女士果真有精神病,在她没

有做出对社会的危害事件之前，是不能随意报道的；如果要报道她的疾病，那么就要经过当事人或者其家属许可，否则报道就是涉嫌侵犯其隐私权；如果说她实际上没有精神病而报道中说其有精神病，报社就涉嫌侵犯其名誉权。

从整篇文章来说，记者采访非常到位，写的也是事实，但犯了两个错误：一是在医生未为×女士的疾病下诊断结论之前，记者给她下了定论；二是涉及×女士的个人生活，侵犯了她的隐私权，让更多的人对她另眼相看。

朋友来投诉　　被指谋私利

2009年4月9日《南国今报》第9版刊发《宿舍区"清洁费"应如何收取》一文，其中提到："柳邕一小的一名老师，突然上门要收我们2004年7月至今的宿舍清洁费。"

几天前，广西柳州市柳邕一小宿舍区的业主对收费的合法性提出了质疑。这是怎么一回事，得从头讲起。

原来，柳邕一小宿舍区共有三栋40多户人家，宿舍区与学校同在一个大院。20世纪90年代实行房改政策后，老师陆续购买了宿舍的产权。2001年前后，为解决宿舍楼管理经费问题，当时由学校领导牵头召集部分业主开会，推举出相应的负责人，让每户业主每月按8元的标准缴纳"物业费"，用于宿舍清洁及学校夜班门卫工资的支出。会后，大多数业主也按会议要求每月8元如数缴纳了"物业费"。2004年，由于负责人工作调动，收费告停。但至今，已经收上来的费用用途去向如何，从未向业主公示过。

接着，文中的"法律详解"中还写道："学校宿舍的收费方案必须征得业主的同意，收费去向要公示。"根据《物业管理条例》有关规定，如果收费决议未征得业主同意的，对业主就不具有约束力。

该报道源自小区里一位业主的投诉。他称由于小区至今没有建立合法的业主管理委员会，却要收取物业管理费，并按每户每月8元，从2004年7月补起。因此他认为不合法，拒交。

记者在听取投诉之后，初步了解了该宿舍区的情况，并采访了负责收费的小区住户、柳邕一小的黄老师。但因没有看到大部分业主共同商定决议收费的书面材料，记者在"法律详解"部分中，借律师之口，提出这样的做法不符合相关规定，从而引起宿舍区管理人员的不满。同时，由于投诉人被黄老师等人认为是记者的朋友，因此指责记者以权谋私，为朋友泄私愤，损害他人名誉。当事人两次给广西日报社主要领导写投诉信。

教训：

首先，记者违背了回避制度。《南国今报》法治版"生活与法"栏目以案说法，向读者宣传普法知识，按理很少会引起新闻纠纷。但在这一报道中，由于投诉者是记者的朋友，而且小区里拒绝缴费的人，就是投诉者本人，很快就被报道对象——收取物业管理费的执行者黄老师等，指责记者是在用自己的笔，借报纸的版面，向广大读者、市民说他们乱收费，从而形成舆论压力，为朋友公报私仇。

其次，由于采访不扎实，只听一面之词，影响了新闻报道的公正性。在采访中，记者没有看到大部分业主共同商定决议收费的书面材料，就提出收费的做法不符合相关规定，从而被指为虚假报道。

第三，报道刊出之后，黄老师等人到报社反映情况，记者不是认真听取意见，而是以他们干扰工作为由，要求主管部门出面劝阻，进一步被对方指责为"威胁"，使得事态进一步扩大。

如果在本文报道之前，记者坚守了回避制度，就不会被指责"以权谋私"；如果在采访时查实了有关业主形成的关于收费的书面决议，可能就不会出这样的报道。

图片说明含糊　引发名誉官司

2007年12月18日,《南国今报》第39版刊登题为《抗议》的照片,这幅图片说明这样写着:

> 2007年1月11日,在自治区政府对柳州市政府关闭北金汉宫的行政复议会上,坐在北金汉宫负责人后面的欧雅城市广场居民代表,起身再次声泪俱下地控诉北金汉宫的噪音污染问题。北金汉宫因噪音扰民问题不断受到附近居民投诉,柳州市多部门以至自治区政府介入对其进行处理。

这幅照片中,左前方为北金汉宫负责人高某,右前方为广西某律师事务所律师陈某,两人后面右侧站着一名老人在说话。图中的陈某看到照片后认为,他已被人误认为是"北金汉宫负责人",其形象受到丑化,名誉被诋毁,律师业务也将受到影响。2008年3月,陈某一纸诉状将广西日报社(南国今报)诉至柳州市柳北区人民法院,请求法院判令南国今报停止侵害其名誉,在媒体上向其道歉,恢复其名誉并赔偿其精神损害抚慰金2万元。

2008年8月,柳北区人民法院一审判决驳回陈某全部诉讼请求。陈某不服,向柳州市中级人民法院提起上诉。2009年3月,柳州市中级人民法院作出二审判决:撤销一审判决;南国今报应在判决生效之日起十日内在报纸上,就其之前所刊登的有上诉人陈某肖像的新闻图片中各人身份情况作补充说明,以消除对上诉人陈某的身份影响、恢复其名誉;驳回陈某的其他诉讼请求。

教训:

这场官司二审输了,输在那语焉不详的图片说明上。

本案中的新闻图片属正常拍摄,作者并没有歪曲事实,也没有使用特殊技术手法扭曲陈某形象,且所拍摄画面是广西壮族自治区政府主持的听证会上的真实镜头。二审法院认为,《南国今报》的新闻图片本身不构成侵权,但是,图片说明并没有注明图片中哪位人物是"北金汉宫负责人",让读者产生歧义。

在事后的反思中发现,这是一个可以避免的低级错误。导致图片说明不准确的原因在于,记者并不知道图片中谁是"北金汉宫负责人"。如果记者是认真的,遇到这样的情况,会主动请教,弄清情况,或者向有关方面核实。但他却避重就轻地写上了这段语焉不详的图片说明,从而引发了这一场历时一年之久的名誉侵权官司,导致《南国今报》在诉讼中部分败诉。

这也给摄影记者敲响了警钟:图片说明虽短,同样需要字斟句酌,尤其要配合好文字记者,确保图片说明准确无误。

——有感于把小新闻拉成大特写。

(蒋钦挥/文、全君兰/绘,原载《新闻潮》2005年第8期)

标题不严谨　厂家来索赔

2009年9月2日《南国今报》第7版以《侵犯商标权　无照翻新轮胎》为题，刊出消息称：

> 柳州市白云路的一家汽车轮胎翻新厂，由于涉嫌无照生产、侵犯注册商标专用权翻新轮胎，9月1日被柳州市鱼峰工商分局箭盘工商所执法人员查处。

2009年9月1日晚，由于原稿标题在编辑看来略显平淡，为了在标题上体现出"新闻眼"及追求"亮点"，决定在"涉嫌无照生产、侵犯注册商标专用权翻新汽车轮胎"上下工夫。编辑初步将标题定为《侵犯商标权　无照翻新轮胎》。不过，文中只是说"涉嫌"，标题这么一改，不就成了板上钉钉的事实了么？可以说与原意大相径庭。但是，编辑当时却认为，如果加上"涉嫌"二字，将使标题在简洁明快上大打折扣。同时还认为，反正内文中已提到"涉嫌"了，如果真有人在标题的这么一个"细节"上较劲儿，则大可拿内文做"挡箭牌"。

就这样，抱着几分侥幸，在没有更多考虑如何体现"涉嫌"以及重新制作标题的情况下，最终将标题定为《侵犯商标权　无照翻新轮胎》见报。

报道见报后，仅存的侥幸却引来了麻烦——厂家找上门来要求赔偿名誉损失，追究的就是这个标题定性错误。

教训：

本文刊出的第二天，即9月3日，当事人便紧揪着该标题不放，说与事实不符，给他们的企业造成了极其不良的影响及后果，要求赔偿名誉损失。到这时，内文的"挡箭牌"已发挥不了什么作用。

编辑在工作中，应该时刻保持清醒的头脑、严谨的作风，绝不应该犯下这样的错误。"涉嫌"与事实，一向是所有涉及法律法规方面报道的重要关卡。在主管部门尚未对事件定性之前，新闻报道中都不得自作主张，给事件定性，而应该加上必不可少的"涉嫌"二字。这个标题，编辑在制作之前已经想到会有可能"判错"，仍然为求所谓的简洁而抱侥幸之心，削足适履，求形式而伤内容，实属不该。

这件事同时也提醒采编人员，在新闻报道中，如果"细节"不细，很容易出现问题。其实，在任何时候，新闻标题都是大事，绝对不容一丝的马虎。作为编辑，在制作新闻标题时，精彩、简洁固然要考虑，但更要考虑的、无论如何都不能忽视的，是符合新闻事实。

"自己人"点评 结论难服众

2006年12月29日,《南国今报》第8版以《表将拆水即停 业主却说"不急"》为题,报道了柳州市东华园小区的"水事件":该小区半年多无人交水费,供水企业欲停水,但又担心居民的生活受影响,左右为难。

此文一出,引来该小区多名业主"抗议",认为报道偏袒物业服务公司,让业主们受到伤害。招致业主不满的主要原因,是文末的一段"点评":

> 柳州市物管协会×××认为:敢于维权,首先体现了业主维权意识的提高,应当肯定;但过度维权却不一定有利于问题的解决,有时候甚至会让事情陷入僵局。少数小区的业主委员会已经陷入了一种误区……

这样的"点评",为什么引起强烈的不满呢?

请看事情的经过。东华园小区自2006年5月起至12月,都没有交水费,欠水费款和滞纳金共计7.45万元。为此,政府相关部门出面组织供水企业、物业公司、业主等几方开协调会,都没能解决问题。此事件的背景较复杂,既有历史遗留的水表归属问题,又有业主和房地产公司、物业公司之间存在的诸多未解决的纠纷问题。在这种情况下,业主不愿不明不白交水费,自来水公司怕影响居民生活也不敢随意停水。

问题存在半年多却悬而未决,说明事情复杂,不是轻易就能解决的。《南

国今报》此时介入报道，如实反映事情的来龙去脉，本也无可厚非。但是，因篇幅所限，无法将复杂的纠纷全部说清，报道出来后，容易造成一些假象，让读者从业主们的表面言行，判断他们的做法有点过分——明明自己用了水，却不愿交费。

在文末，记者借物业管理协会工作人员之口，说业主"维权过度"，"陷入误区"。正是这种说法激怒了业主，认为此点评只指责业主，有失公允，故要找报社"讨说法"。为此，《南国今报》以后续报道的方式，报道了事情的来龙去脉，事情方告平息。

教训：

此报道由物业管理协会工作人员出面点评，明显不妥。

作为行业协会的工作人员，与其监管、服务、协调的企业有千丝万缕的关系，其立场难免会让作为纠纷另一方的业主们持怀疑态度。究竟是谁过分，站在不同立场会有不同看法，单列一方的看法，难以服众。所以，为保证客观公正，应同时报道业主们的申辩，这篇报道正是缺了这一块，导致矛盾激化。

文章的副标题为《东华园小区"水事件"半年多悬而未决，物管协会认为业主维权应有"度"》，将物管协会的意见提炼到标题上，容易让业主觉得报纸已认可物管协会的说法，等于是报纸在指责业主。文中记录了以业主代表身份参加协调会议的一名女士说的话："水你该停就停，我们不急！"这也是标题《表将拆水即停　业主却说"不急"》的来由，这应属业主在问题长期得不到解决的情况下说出的气话，但专门披露出来，有突出业主"不理性"、"儿戏"的效果。小标题有"一个搞笑的怪圈"一节，这"搞笑"二字也容易触动业主们敏感的神经，他们觉得烦恼不堪的事情，在记者看来却带有"搞笑"性质……种种因素叠加，导致业主对报道产生不满。

选择点评人，应尽量找独立事外的第三方，做到客观公正，不带偏见；应让矛盾双方都有表达意见的机会，而不能只让一方说话，却忽略了另一方；在复杂的纠纷中，描述用词要避免带感情色彩，否则容易引起不必要的误会，让一方觉得记者偏心。

乞丐"大写真" 其实为杜撰

  2003年3月31日,《南国今报》发表了一篇1500字的通讯,题为《白天街边讨钱 晚上抽烟喝酒——龙城不少乞丐活得"滋润"又"潇洒"》,全文详细地叙述了作者对广西柳州市街头乞丐的"暗访"经过,有详细的时间、地点、人物,描写得惟妙惟肖。

  文章说,记者上街所看到的乞丐,"白日:可怜兮兮","夜间:吃喝嫖赌"。一个自称"沈××"、双腿都截肢的中年乞丐,"许多路人不断地往他面前的黄色塑料袋放钱。笔者旁观的十几分钟内,'沈'就已经收获了不下20元钱。""而在龙城路的天桥转角处,一个断臂中年残疾人面前的黑色塑料袋则摆满了一张张一元的人民币,他则很舒服地抽着烟。"

  到了晚上,记者跟踪到"柳州火车站附近一条巷子内的××旅社。刚走到巷子口,就看见下午在工贸大厦门口拿破铁罐讨钱的那个中年残疾人,正和一个朋友在露天大排档喝酒,桌上摆着四盘菜,看来他的晚餐相当'丰盛'"。报道借一个糖烟店老板之口说:"'这些人活得比我们一般人都要好'。老板还说,××旅社内有几个暗娼,专做另一家旅社那些残疾人的'生意',有时候甚至会出现几个暗娼抢一个残疾人的情况。"

  文章刊登后,全国不少媒体及网站纷纷转载,并冠以《柳州乞丐生活写真:白天讨钱晚上吃喝嫖赌》等耸人听闻的标题,影响很坏。

  记者以及报道在媒体上的"风光",迅即被现实中的尴尬所淹没。文章刊发次日,一群乞丐集体来到南国今报表示不满。他们多是身有残疾的外来人员,以乞讨为生,有的拄着拐杖,有的撑着代步的板车,艰难地来到南国今报,并长时间滞留,要求南国今报对柳州市街头的乞丐生活重新作深入调查,还原他们的真实生活。他们提出这样的要求,一方面是为了消除社会对自己所属群体的偏见、误会;另一方面是为了表明乞丐也有尊严,也难以容忍明显偏离事实的新闻报道,也有对真相的追求。

由于该文所描写的各项新闻要素"齐全"、"准确"、"真实",文中所述人物特征也与该地的乞丐基本吻合,一时几乎蒙骗了所有人,都认为这是一篇真实的社会新闻报道。后来经过调查,发现该文与网上一篇题为《乞丐并非都值得同情》的随笔基本相同。唯一的区别在于,该随笔没有注明时间、地点,唯一提到的乞丐则是"李某"。这篇随笔被直接照搬过来,将原本没有注明时间、地点的文字,全部改写为"2003年3月29日"、"柳州市龙城路"、"柳州市火车站附近"等,原随笔中提到的乞丐李某,则被改写为"沈××"。这说明,这是一篇彻头彻尾的假新闻。

教训:

一篇网上的随笔文章,就这样经过"具体细化"后,摇身一变成为一篇反映柳州街头生活的社会新闻,其虚假报道及偏激导向,造成了极其恶劣的社会影响,严重损害了报纸的声誉。

类似这种街头见闻,在都市报发展早期往往能吸引不少眼球。因其难以核实,往往为一些造假记者提供了活动空间。编辑在处理这类题材的时候,应该多长几个心眼。比如,上述报道中关于残疾乞丐大吃大喝、涉嫌嫖娼的内容,是记者"到了××旅社对面的一栋居民楼观察"而来。不是近距离观察,哪可能看到那些类似电影镜头般的画面?如"一个大约20岁的年轻女子还走进房内,坐到'一只手'的大腿上,亲昵地看着'一只手'打麻将"、"×××旅社又传来了麻将声,里面还隐隐约约夹杂着'一只手'粗鲁的叫骂声",等等,都有破绽,编辑细心的话就可识破。

作为新闻工作者,必须时刻牢记自己的使命,必须保持高度的社会责任感,守住最基本的道德底线,不仅要自觉抵制虚假新闻,而且要自觉抵制粗俗、粗制滥造的所谓"新闻",提高舆论引导能力。

虚构普法案例　引发百万诉讼

《南国今报》创刊初期，曾经开辟了一个名为"律师看法"的普法栏目，讲述法制案例，并由律师点评分析，讲解其中的法律关系，向读者宣传法律知识。这个栏目的主要线索来源，是由律师或司法机构工作人员提供案例及相关法律知识，由记者整理成稿。这种操作方式中的疏漏，曾引发过一场索赔100万元的诉讼。

2003年11月28日，"律师看法"栏目以《收回贷款未入账，借贷人有无责任？》为题，刊发这样一个案例：

2002年5月，广西鹿寨县一信用社主任周某把5000元贷款贷给居民陈某，贷款期限一年。次年5月，陈某把贷款偿还信用社，由周某收

回，并给陈某出具了一张收条，但周没有把该笔贷款存入信用社的账户。8月，周某因为其他经济问题被检察机关立案查处，并被免去信用社主任职务。新主任上任后，对陈某提起了民事诉讼，要求其偿还5000元的贷款及利息。

这条线索是由一位律师主动提供的，并说明是律师事务所接到的咨询电话。在文中，这位律师还点评：本案中的借款人陈某已经将借款偿还给信用社，法院对信用社要求陈某偿还借款及利息的诉讼请求应予以驳回。

该文刊登后，引来了一场索赔100万元的诉讼，起诉方为鹿寨县农村信用社。原告在诉状中称，案例中虽然只提到"鹿寨县一信用社"，看似对电话咨询采取了文字上的技术处理，实际上鹿寨县只有一家信用社，并无二家，无论如何进行技术处理，都不能避免较强的针对性和指向性。另外，鹿寨县农村信用社经过调查，并无周姓主任，也没有发生过上述案例，《南国今报》刊登的普法案例不实。由此，该信用社认为自己的声誉受到影响，起诉至柳州市中级人民法院，向广西日报社（南国今报）索赔100万元。

记者随即详细询问提供线索的律师，对方只能承认是自己虚构的案例，没有想到引起这么大的麻烦。

教训：

无论是写事件新闻，还是写普法案例新闻，真实性都是第一生命，哪怕是普法案例，都要进行深入核实，核对线索内容，确保稿件的真实性。

此外，在实际生活中，确实有些律师通过虚构案例，来说明法律关系，如果存在这样的情况，必须要求律师说明情况，同时稿件就不能指名道姓地详细说明事发地点、单位、人物，以免"对号入座"。在提及虚构案例时，可用"假如"、"假设"等字样，标明只是为了说明问题而举例，并非确有其事。

当事人已逝　何必再为难

2009年6月10日，广西武宣县黄茆镇佛子村发生一起凶杀案，记者得到线索后一直跟踪，至7月9日再到武宣县，才获悉已破案。让人震惊的是凶手制造绑架的假象，并勒索3万元迷惑警方。凶手竟是死者的侄子，而他杀害伯母的理由则是"伯母一家长期瞧不起我们"。

考虑到事件很蹊跷，很曲折，有看点。7月11日，记者以真名实姓报道整个案件的侦破过程。当天受害者家属看到报道后，就提出了看法，认为用真名让受害者家属难以面对熟人以及亲朋好友，心理压力大。但是，这一反馈并没有引起记者的重视，7月12日又作了后续报道《"心理阴影"毁了两个家》，试图想挖掘新闻背后的故事。报道中援引了邻居对死者生前的评价，比如"村民郭女士介绍，他们与死者基本没有话讲，对方平时总无缘无故在村中吵闹，多数是因一些田地邻里间的小事。'死者生前显得很强势，略有不满便是破口大骂，所以大家不愿招惹她。'"

报道出来后，家属认为这样的评价不光对死者不公，对其亲人也是一种伤害。他们要求更正致歉，但记者并不在意。之后，家属不仅提出更正要求，同时还要赔偿精神损失费。

教训：

一是有些报道不宜点真名实姓、详细地址等信息，比如凶杀案、强奸案等，要注意保护被害人及其亲属的名誉和隐私，以免造成不必要的麻烦。这也是为了当事人家属今后的生活考虑，尽量减少其可能受到的伤害和不利影响。

二是如无特殊情况，一般不宜评价死者生前的事，尤其不宜作难以判断的道德评判。这样特别容易对其家属造成情感伤害，毕竟别人的评价只是一面之词，死者已无辩解能力，记者不能单纯为了报道而报道，应在采写工作中体现人文关怀。像此报道中的死者，仅仅是一起恶性伤害案的受害者，追究她的生前为人，显然不妥。

三是重视问题报道，出现问题应立即妥善处理。第一篇报道出来的时候，死者家属就提出不该把姓名全部写出来，这说明他们已经受到了伤害，记者应有所警醒，或者及时将受害者家属的反应向领导汇报，做后续报道则要更加小心，避免二次伤害。但即便在刊登后续引发死者家属不满后，记者还认为只是客观记录村民的原话，并无失实之处，不应承担更正和致歉责任。这种不以为然的态度，导致了死者家属更激烈的反应。

四是报道不要自戴枷锁。此案的第一篇报道，文末预告说："为何两家结怨如此之深，以致于侄儿残忍杀害伯母呢？这起案件留下诸多悬念，请看明日的跟踪报道。"这逼得自己非做后续不可，而后续为了更"丰满"、"出新"，只好把一些不宜公开的东西也拿出来亮相了，最后正是这些多余之处惹出麻烦。

"落难"秀气女生　竟是记者臆造

2007年9月11日《南国今报》第5版刊登了一篇《开学又现"落难学生"》的消息，见报两周后被发现是一则完全虚构的新闻。请看原文：

现在正是大学新生报到和学生返校的高峰期，连日来今报接到报料，在柳州市多所高校周边，有不少打扮成学生模样的年轻人，自称是大学生，因为坐错车来到柳州，身无分文，渴望得到帮助。昨日中午，记者按照报料人提供的线索，来到校址在柳州市城中区的某高校门外，在银行的取款机前徘徊。不一会儿，迎面走来一名学生模样、身高1.6米左右的秀气女生，她拖着一个轻便的行李包，自称是南宁人，还说她在去上海某高校报到的途中，想到在柳州读书的同学这里玩几天再去上海。但是来到柳州后，同学的手机号码已经更改，联系不上。下火车时，钱物又被人偷走，现在没钱没地方住。

这女孩说话时显得异常着急，并将早已准备好的上海某大学录取通知书和身份证出示给记者看。她借记者的手机打电话"回家"，与电话那头简单交谈了几句，又对记者说："我妈妈想和你通话。"

记者接过电话，电话另一头的妇女很着急地对记者说："我女儿只身在外，一听就知道你是好人。"这名妇女叫记者先借钱给她"女儿"，然后向记者要银行卡号，保证在10分钟后把钱还上。

记者说可以带女孩去吃饭，并安排住宿。对方马上说这样太麻烦，最好给点钱"女儿"，"哪怕只给一二十块也可以"。最后，记者对女孩说，可以找110帮助，她马上支支吾吾说算了，然后匆匆离开。

记者在各高校保卫科采访了解到，冒充大学生行骗的行为大都集中在开学这段时间，骗子经常在学校周边出现。他们首先编造各种理由，让市民与其家人通电话，以骗取信任。"家人"会向市民借钱，少则数百，多则上千。一些涉世不深的新生往往容易上当受骗。

为此，各高校保卫工作人员提醒广大学生，遇到类似的情况时，应立即向学校保卫部门反映，谨防上当。此外，这些"落难学生"还会出现在火车站、汽车站及商场等人流量大的地方，市民若遇上"落难大学生"，可通过110和救助站帮忙分辨。

写作这篇稿子的记者，此后又连续写出三篇疑点重重的稿件，引起编辑及值班领导的注意，经调查发现，三篇疑文均为虚假新闻，所幸未见报。在进一步调查时发现，这篇已经见报的稿子也疑似虚构，多段文字照抄网上文章。后经教育，记者本人终于承认本文为虚构。

教训：

记者采写新闻，是要先去现场采访，获得真实的新闻素材后，才能进入写作阶段，也就是先"采"后"写"，有"采"才有"写"。这名记者却投机取巧，不经过现场采访，就写出如此有"现场感"的新闻来，把网上的新闻、随笔，甚至微型小说等的情节套用过来，换上貌似真实的本地的地名、人名、单位名等，再把记者自己植入进去，使得这种杜撰出来的文章很像新闻。

从这篇新闻看，这类事情在社会上是可能存在的，甲地可以发生，乙地也会出现，丙地难免重演。但是否如记者所写的"这一地、这一时、这一人"确确实实地发生过呢？则是"事出有因，查无实据"，追询之下，果然作假，记者在这里写的已不是新闻，而是"小说"。社会真实并不等于新闻真实，记者决不能投机取巧，将可能存在社会真实的事，臆造不存在的人物、时间、地点，捏造出一条"新闻"来。

这种把网上文章套上本地新闻要素的翻版"新闻"报道，有可能会骗过一时得以刊发，但总有暴露的时候。俗话说"事不过三"，该记者在后面连出类似造假的新闻，终于使这篇造假报道露馅。

仅凭朋友反映　仓促成稿出错

2010年7月3日《南国今报》第4版刊发《公开拍卖旧车　竞价高反流拍？》一稿，因失实导致在报纸上公开更正致歉。请看原文：

高价竞拍的不成交，出低价的反而成交。2日，鹿寨县水利局公开拍卖一辆桑塔纳，底价9100元，共有5人参与拍卖。第一轮拍卖，周先生开出9600元。该局却以"没拍到好价钱"为由，进行第二次拍卖。举办方的表现，让部分参与竞拍者失望而弃权。让大家疑惑的是，最后一拍以9300元的价格成交。

周先生称，他是柳州人，前段时间获悉鹿寨县水利局公开拍卖一辆桑塔纳，便有意参与竞拍。拍卖前，他与其他5人均交了5000元定金，还签订了相关协议，并约定在2日竞拍。2日下午5时，几名竞拍者均参与竞拍。由于种种原因，第一次竞拍时，2人弃权，3人竞拍，当时他出价9600元；但让他失望的是，举办方以出价略低为由，要求第二次竞拍。

由于对举办方持怀疑态度，周没有参与下一次竞拍。而最后一次竞拍的价格是9300元，比周开价低出很多。为此，周先生怀疑拍卖方有"暗箱"操作的嫌疑。

鹿寨县水利局相关负责人否认了周先生的上述说法，并表示，车辆拍卖前已经过县物价局的价格评估，整个公开拍卖过程则由县财政局国有资产管理小组监督，可以说完全是公开透明的。该负责人表示，尽管之前周先生开出9600元的竞价，但因种种原因流拍；最后约定再进行一次拍卖，周等其他三人却主动放弃了。

该文作为一篇批评性的监督报道，记者没有到现场采访，也没有联系到事件中主要的当事人——鹿寨县水利局有关领导，只凭一名自认为信得过的朋友的叙述便成稿，结果造成稿件严重失实，影响到了当事单位的声誉。该局领导亲自到南国今报反映拍卖的实际情况，要求南国今报作出更正。根据后来的调查，今报在 2010 年 7 月 5 日的报纸上，以当事记者的名义刊出更正性质的"编读往来"："鹿寨县水利局来电反映，今报 7 月 3 日第 4 版《公开拍卖旧车 竞价高反流拍？》一文，该局领导很重视，并接受媒体监督。不过后来调查发现，竞拍时有覃某等 5 人参加（事前经过了交纳押金等程序），车辆底价是 9100 元，两次开标的最高价是 9300 元。而周先生所称出价 9600 元只是局外'旁观者'的开价，因没有参加竞拍程序无效，也不能代表竞拍者开出的报价。"

教训：

批评稿件不但要求要到现场采访，而且还要有被批评者的说法。写这篇报道的记者，在既没有到现场采访，也没有接触当事人的情况下，仅凭电话中听到朋友的叙述就写成批评稿，严重违背了报社写批评稿的规定。这篇失实报道暴露了记者工作作风中的几个问题：一是有规不循，违背新闻采访原则；二是道听途说，轻信朋友的不准确信息；三是胆子够大，在没有到现场接触当事人的情况下就敢写批评报道。

记者一定要亲临现场，作全面、深入、细致的采访，认真甄别所得到的各种信息的真实性，经过缜密的分析，才能写出有针对性、有深度的客观、公正的报道，从而提高报纸的公信力。

单听一面之词　伤害另外一方

2009年11月初，黄某来到南国今报，向记者倾诉自己婚姻的不幸遭遇。

老人自述，他今年80岁，妻子比他小33岁。他的前妻四年前过世后，他一直独自生活。虽然子女都不在身边，但靠着单位的退休金，他在生活上倒也不愁吃穿。2007年他不顾子女们的反对，决定再找个老伴，于是来到婚介所登记了征婚信息。不久，婚介所给他介绍了一个外地来柳州打工的中年女子阿兰。

黄某说，他和阿兰第一次见面，对方就跟他提出："你给我100元我就跟你上床。"之后他把阿兰带回了家，与阿兰过起了同居生活。经过一段时间的共同生活，他发现，阿兰不但爱玩，而且好赌，自从跟他同居后，就没再去工作，整天不是打麻将，就是买地下六合彩，而这一切的开支都是从他的退休金中支付。同居期间，阿兰多次催促他去登记结婚，他见其品性不好，一直没有答应。2008年，他获得了政府的补助金2万多元，阿兰得知后央求他用这笔钱为其购买养老保险，并承诺今后戒赌，好好陪伴他。老人相信了，给她办理养老保险后，于同年4月与其办理了结婚登记。

可是婚后不久，他多年的积蓄很快就花光了，如今存折上仅剩几百元。老人说钱几乎都是妻子花的，但是他的积蓄花光后，妻子却向他提出离婚。他不答应离婚，于是阿兰慢慢地开始夜不归宿，现在也不知道妻子到底去了哪里。

一名刚进报社不久的见习记者在未经过核实的情况下，仅凭黄某的一面之词，写了一条题为《八旬老翁遇烦恼　新婚妻子要离婚》的消息，并刊登在2009年11月9日的《南国今报》上。见报当日，黄某的妻子带着一群亲友到报社反映情况。她说记者并没有采访过她，很多内容与事实不符，她根本没说过"你给我100元我就跟你上床"这样的话，认为该报道严重侮辱了她的人格，给她及家人造成很大伤害，要求报社登报澄清事实并向她道歉。

为了平息女方的情绪，2009年11月13日，《南国今报》以当事记者的名义刊登了致歉启事。

教训：

该文为一名见习记者所采写，反映出刚入行记者普遍存在的问题：缺乏工作经验和对新闻事实基本的判断能力，带着同情心及个人的主观倾向去工作。在很多情况下，新记者都是谁投诉就同情谁、倾向谁，偏听偏信，没有对多方当事人进行采访核实。同时，在行文过程中，引用一方对另一方污辱性的原话，列举一些无从考证的事例。这些问题，极其容易让报纸被人利用，或造成另一方受到侵害。

把男看成女　眼见不为实

2010年7月5日,《南国今报》刊登了题为《女子搭乘摩的寻友 下车后莫名大出血》的消息。消息说:

昨晚8时40分许,一名女子从柳州市中医院门口搭乘摩的至柳石路西二巷后,腹股沟处大动脉莫名大出血。120急救人员赶到现场后发现,该女子已经身亡。据搭乘该女子的摩的司机称,死者在乘车过程中无任何异常反应,直到到达目的地后才出现不适。至当晚10时30分许记者离开现场时,法医还在就女子死因进行调查。

余下的叙述通篇都是围绕"该女子"展开。全文不到1000字,出现当事人"该女子"、"女子"的说法有多处。然而次日同城其他媒体报道的同一事件说死的是男子。后来经核实,是《南国今报》的记者把性别弄错了,还辩解称"看着像个女的,旁人也说好像是个女的"。当天报社热线接到许多质疑和嘲讽的电话,说今报记者瞎写。为了给读者一个交代,《南国今报》责令记者作一后续报道,以澄清事实真相。

教训:

要求记者亲临新闻现场,目的就是要记者用自己的眼睛去观察、核实、确认一些基本事实,所谓的"耳听为虚,眼见为实"。然而在这篇稿件中,记者虽然到了现场,却"眼见不实",也没多带上几个问号,采访中作风浮躁,粗心大意,连死者的性别,都要靠旁人告知和猜测,这是造成这起差错的原因。

第四编

《广西日报》案例

执行编委

王　雷　　陈健民
黄祖松　　吴志丽
苏超光　　李宇宁
宋春风　　谌贻照

轻信来电"更正" 不错反而搞错

《广西日报》2003年4月24日头版发表一篇通讯员写来的消息《赤潮袭击北海南岸海域》，文中称：

连日来，赤潮突然袭击北海市区南岸海域，铁锈色的海浪将大批铁锈色的海藻冲到岸上，地毯一般地覆盖了大片银白色的沙滩。北海市环保监测部门已于近日派人到北海市区南岸提取海藻样品，送交有关部门研究鉴别，急寻对策。

……

记者为此采访了环保、水产和海洋研究部门的有关专家，根据专家

们的意见，初步认定是一种名叫马尾藻的海洋藻类植物造成了北海市区南岸海域的赤潮，这些马尾藻如何产生和从何处飘来还有待调查。一位专家称，北海海域频频发生赤潮，与城市和设在海岸边的海水养殖场向大海中直接排放未经处理的污水，造成了海水的富营养化有关。

见报后，当地某部门紧急来电更正，说此"赤潮"并非真正意义上的赤潮，其实只是一种藻类在春季水温适宜的情况下繁殖，死后覆盖在海面上，并非赤潮。如此宣传误导读者，直接影响了北部湾海洋环境的整体形象。于是，《广西日报》6月5日头版刊登了当地发来的"更正"。

但是，我们对稿件再三细读、思考，觉得心有不解：作者看到"北海市区南岸海域，铁锈色的海浪将大批铁锈色的海藻冲到岸上，地毯一般地覆盖了大片银白色的沙滩"，又向环保、水产和海洋研究部门的有关专家求证，"初步认定是一种名叫马尾藻的海洋藻类植物造成了北海市区南岸海域的赤潮，这些马尾藻如何产生和从何处飘来还有待调查。一位专家称，北海海域频频发生赤潮，与城市和设在海岸边的海水养殖场向大海中直接排放未经处理的污水，造成了海水的富营养化有关"。应该说这确实是赤潮，而"更正"中说："此'赤潮'并非真正意义上的赤潮。"那么，什么是"真正意义上的赤潮"呢？难道"藻类在春季水温适宜的情况下繁殖，死后覆盖在海面上"，造成铁锈色的海浪还不是赤潮吗？

点评者为此检索了百度百科、查阅了《辞海》。百度百科写道："赤潮定义一：海洋中一些微藻、原生动物或细菌在一定环境条件下爆发性增殖或聚集达到某一水平，引起水体变色或对海洋中其他生物产生危害的一种生态异常现象。定义二：因海洋中的浮游生物爆发性急剧繁殖造成海水颜色异常的现象。定义三：海洋中一些浮游生物爆发性繁殖引起水色异常现象。"《辞海》中解释道："赤潮，亦称'红潮'。由某些微小浮游生物急剧繁殖和高度密集所引起的海水变色的自然现象。""能引起赤潮的生物约有30多种。"这更令人加大了对"更正"的怀疑。

于是，我们找了广西海洋局海洋环境保护处的专家黄焕光、梁群等人请教、求证，他们认定作者写的是赤潮，海藻高度密集造成海水颜色异常也属赤潮的范畴。他们还拿出了依据——《关于印发〈赤潮灾害应急预案〉的通知》(国家海洋局国海环字〔2009〕443号文件),文件第14页写道:"赤潮:海洋中某些浮游生物、原生动物或细菌等在一定环境条件下爆发性增殖或高度聚集,引起水体变色或对其他海洋生物产生危害作用的一种生态异常现象。""有毒赤潮:体内含有某种赤潮毒素或能分泌出毒素的藻类形成的赤潮。"可见《赤潮袭击北海南岸海域》的报道没有失实,事后的"更正"是错误的。

教训:

新闻求真确实不易。求真除了记者写真,还要编辑敢于护真,认真辨真,善于鉴真,请教识真。涉及专业方面的问题,应该请权威部门的专家做出鉴定,尤其像《赤潮袭击北海南岸海域》的负面新闻。因为其一经报道,是要追究造成赤潮的责任的,一些人是免不了要挨"板子"的。因此,有些责任人就想护短,即使再真也不让报道,你报道了,往往要争取"更正",挽回面子。在此情况下,他们往往会说你们报道"错"了,说你们的报道影响了什么什么的整体形象,如果编辑诚惶诚恐,不敢护真,就不会去辨真、鉴真和识真,本来不错的报道就容易被"更正"错了。

要敢于护真,还要认真辨真,善于鉴真,请教识真。只要认真辨真,就不难发现类似"说此'赤潮'并非真正意义上的赤潮,其实只是一种藻类在春季水温适宜的情况下繁殖,死后覆盖在海面上,并非赤潮"的理由不足。知道理由不足,再查找辞书鉴真,请教专家识真,真假猴王就不难分辨了。

因此,维护新闻的真实性需要记者写真,也要编辑敢于护真,认真辨真,善于鉴真,请教识真。

转载文章偷懒　差错在所难免

2004年5月24日《广西日报》第10版转载《南国早报》记者采写的消息《教室突成危房　学生被迫停课》，文章所说的事实没错，却把学校名称张冠李戴，将南宁市某中学误为"南宁市第十三中学"，给南宁市第十三中学的名誉造成了不良的社会影响。

其实，此文在《南国早报》见报后，已经与当事单位协调处理好了。不料《广西日报》又接着出差错。

出事后，《广西日报》不得不派人亲自登门道歉，并在报上以"广西日报编辑部"的名义刊登"重要更正"。

2007年5月18日《广西日报》第8版头条的主标题《身处新时代更要守住清贫》中"代"字不慎被向后"位移"了两格，成了《身处新时更要代守住清贫》。这是一个专门转载其他媒体文章的《一周资讯》版。版面是白天提前做好了的，但到了晚上值班领导审查时，认为原来的头条不理想，临时让有关编辑重新摘发其他媒体的一篇文章替代原头条。在这个临时更换稿件的过程中，因为时间有限，有关人员编辑、排版、看样不仔细、不认真，把原文的主标题弄错了。

2008年7月4日《广西日报》第9版《国际新闻》中，夜班时事编辑采用通讯社的电稿《蒙古国首都局势恢复平静》一文，可是此文主标题中"首都局势"漏了一个"局"字，虽经过检查、校对各个环节，最终仍因粗心而以残缺的标题见了报。

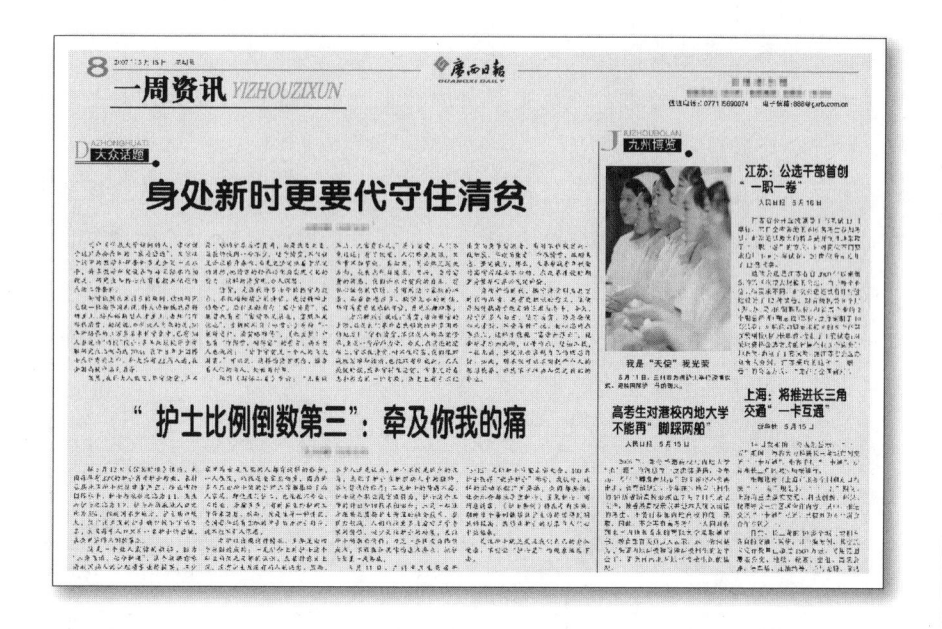

教训：

在当今信息海量的时代，媒体之间互相转载采用文章在办报中可以说是家常便饭，尤其是同一集团的各个媒体之间，信息互通有无、资源共享不仅是应该的，而且是必须的，因为一家媒体不可能有那么多采写大量原创新闻的记者。尤其是报纸每天采用大量的通讯社电稿，包括国内新闻、国际新闻、体育新闻等，不仅量大，而且重要，也是广大读者想看爱看的新闻。

但大多时候电稿只是一篇通稿，要采用，必须改写成符合自家媒体风格的新闻，包括改写标题、增删文字内容等，要做大量的编辑工作。只有这样，重新编辑的新闻才有个性，有特点，符合自家媒体的需要，受到自家媒体读者的欢迎。也只有这样，才能在全国同行中比出对同题材稿件编辑的真功夫，比出对政策、形势的理解能力和业务水平的高低。

但在这重新编辑转载的过程中，基本的原则就是不能错。原刊发的媒体对的，转载时不能弄错；原刊发的媒体错的，转载时应该更正。不管所转载的媒体是大是小，是党报还是都市报，错误都不能随着转载重复见报，或者随着所转载的媒体影响力放大，其错误报道也随之被进一步扩散，否则对受害者就变成双重的打击，造成更严重的伤害。尤其是所涉及的题材是负面的、批评的时候，要特别小心。

可在实际操作中，一般编辑往往把通讯社电稿或见过报的文章当做成品来看待，处理时的心理与态度就与对待本报记者采写的原始稿件有所不同。对成品自然是放心的，往往就不那么仔细认真地推敲、编校了。那么，责任心一放松，办报中一些严格规定的程序有时也省略掉了。殊不知，这往往就为差错的出现埋下了极大的隐患。

旧稿重"翻新" 逝者竟"受访"

2010年4月1日,《广西日报》第15版"今日聚焦"专刊刊发一位见习记者写的头条文章《"一药多名"的困惑》,反映国内药品市场的乱象——

同一种药少则三四个、多则五六十个名称,一些药品的名字别说消费者,就连从事药学研究多年的老教授也没听说过。

……

广西医科大学第一附属医院主任药师杨正鸿教授研究药剂几十年,在接受采访时坦言:自己与药剂打了大半辈子的交道,一些药的商品名听都没听说过,更别说是一般的患者了。

文章挖掘"一药多名"久乱不治的根源,陈述对消费者的种种危害,意在引起相关部门的重视,尽早根治。应该说,此文题材虽不新鲜,但行文流畅,抓的也是读者多年来关心、苦恼的问题,有较强的可读性。然而,文章见报当天,就有读者直接向报社来电投诉:文章严重失实!那位"广西医科大学第一附属医院主任药师杨正鸿教授"已经去世两年多!

原来，2006年，这位见习记者任职于另一家报纸时，已对"一药多名"进行了采访，并以《"一药多名"让人找不着北》为题发表了通讯。事隔四年，为了重新报道同一题材，该记者实际上并没有进行采访，只是对旧稿予以翻新就再次发表，殊不知原先采访过的当事人已经作古。一篇严重失实的虚假新闻和一次严重的对报社的"抹黑行为"因此产生了。

教训：

这篇报道违反了两条新闻原则：一是新闻以真实为本；二是新闻须"新"须"快"。

首先，事实是新闻的本源，真实是新闻的生命，是新闻采编工作的第一准则。一篇新闻报道真实与否，是一个非黑即白的简单事实。此文从文章发表后的反应看，虽未造成特别严重的不良社会影响，但是无论选题多么吸引人、素材多么丰富、逻辑多么严密、行文多么流畅、说理多么铿锵，当这一切遇上一个"逝者'受访'"的硬伤后，立刻让读者产生对整篇文章的质疑，甚至有可能会对《广西日报》全部新闻报道产生不信任感。因此，从这篇报道看，虚假新闻不仅损害了新闻工作者的声誉，损害了新闻队伍的形象，更影响了媒体的权威和公信力。

其次，新闻必须"新"，而此文记者在事过境迁之后不去重新采访，而是翻新四年前的材料用于当前的现象分析，犯下新闻大忌。要想彻底铲除"逝者'受访'"这类虚假新闻滋生的土壤，必须先弄清它产生的原因和目的。首先，记者缺乏作为一名职业新闻人的社会责任感和职业道德，在发稿量、上稿率等名和利面前，放松了对自己职业素养的要求；其次，记者违反了新闻以事实为基础、以记录为本位的定位，缺乏开展独立、深入、细致、全面的采访调查的动力和耐心，追小路、走捷径，而牺牲了新闻的真实性与准确性。

"逝者'受访'"的教训告诉我们，即使某一题材涉及的新闻事实相对简单，调查采访中的多信源、平衡对比、不断质疑、不断挖掘等原则或许并不需要在此强调，但真实、准确仍然是我们做一切新闻的本质要求，独立、深入、细致、全面的采访，掌握新的第一手材料是做一切新闻的根本要求。

"复制""粘贴"草成文　电脑怎能替人脑

2006年7月5日《广西日报》第11版《花山》专版《铁血战将 刘昌毅（29）》一文：

  刘昌毅一直认为部队是在奔逃，从出击京汉铁路开始，就注定了奔逃的命运。伤亡惨重，疲惫不堪，连日来被敌人追赶着东奔西逃，红军何曾有过这样的惨败？

  8月底，红四方面军主力刚进至新集以北地区，敌第二纵队四个师很快便从西面扑来。红军在扶山寨、四面山、金兰山一线堵击敌人，激战五天五夜，给予敌人大量杀伤。但是，敌第一、六纵队这时却分别从北面和南面进逼至红军的侧后翼，形成了三面合围之势。

这两段在文中不同地方重复出现了两次。

2007年10月25日《广西日报》第5版《北部湾新闻》专版：《北海：迈向跨越式发展新阶段》一文：

  各项指标跃升全区前列，上半年，全市实现生产总值110.97亿元，同比增长18%，分别高出全区和全国2.9%和6.5%，增幅居全区第二位。北海正日益成为北部湾沿海地区炙手可热的投资地区，北海已经从经济低谷的调整期迈向跨越式发展的新阶段。

这一段在文中不同地方重复出现了两次。

教训：

平时我们看到那些粗制滥造的地摊非法出版物，除了大量文字的错漏之外，诸如此类大段文字重复穿插的错误往往令人不忍卒读。而如今此类低级错误也出现在正规的出版物——党报上面，在质量上，无异于把党报降格成了地摊出版物。这种低级错误，假如让读者读到，他心里能不打个咯噔？起码此时在他的心中，党报的权威被打了折扣，党报的形象受到了损害。

很明显，此类低级错误是新时代过分依赖电脑来代替手写惹的祸。原因是记者、编辑偷懒，写稿时频频依赖电脑的"复制"、"粘贴"功能来完成写作，而写完之后又不认真仔细检查，即匆匆交差上版。久而久之，往往习惯成自然，乃至染上了依赖症，不使用这些功能就写不出稿件了。电脑的功能代替了人脑的思考功能，成文不经过自己的大脑，这文章即使没出现差错，它也能算是自己的作品吗？从前写文章有嘲讽"剪刀加糨糊"的"文抄公"，如今利用电脑"复制加粘贴"的功能写文章，又何尝不算是新时期的"文抄公"？

更有甚者，有些记者更是公然利用电脑的"复制"、"粘贴"功能来造假新闻。比如，广西和全国的"两会"年年开，个别跑"两会"的记者，偷懒不去现场采访，干脆把上一年见过报的"两会"文章整个拿来，利用电脑"复制"、"粘贴"其中主要的采访内容，改头换面后使之重新出炉见报，却还是聪明反被聪明误，最终遗漏了时间没有改。

电脑的普及使办报进入无纸化办公时代，无疑是报业发展史上的一大新飞跃。但有其利也必然有其弊。关键是看人怎么用，用得好是方便；用来投机取巧，走捷径，等于丧失了办报应有的责任心和新闻职业道德，此风断不可长。

局长违纪已被"双规"
居然"复出"检查工作

2009年11月18日，记者与通讯员联合署名在《广西日报》"广西各地"版发了一张题为《踊跃参军 报效祖国》的新闻照片。照片说明称：

<blockquote>南宁市在今冬征兵中采取多种措施，努力打造征兵阳光工程。这是军地督察组深入兵检医院检查女兵体检组织工作。</blockquote>

令人惊诧的是，正被"双规"的南宁市卫生局原某副局长居然出现在这幅照片里。

为什么发生这样的事呢？原来，记者没有到第一现场采访拍照，就选用了通讯员通过电子信箱传过来的上一年拍摄的旧照片。记者和通讯员都不知道出现在这张旧照片中的南宁市卫生局原某副局长因经济问题，已被"双规"。由此酿成差错，造成不良影响。

教训：

现场拍摄，是视觉新闻采写的首要工序。记者不到现场，竟然靠"钻邮箱"发回加上自己名字的"新闻"图片，这明显有悖新闻采写的基本原则。其实，记者所在部门早在多年前就制定了"禁止记者不参与采写就在通讯员稿件署名发表"和"自觉抵制'钻邮箱'"的相关规定，并反复强调。但这位记者置若罔闻，以致出现正被"双规"的人去兵检医院"检查工作"的笑话。

这样的图片之所以见报，首先是通讯员为了完成报道任务弄虚作假；而记者"不劳而获"的做法，则为这则假新闻见报"架桥铺路"。这样的事故绝不是个案。所以，记者与通讯员合作时，必须做到两点：一是深入现场，亲力亲为，带领通讯员一起采访；二是由通讯员自己采写的环节，记者必须进一步核实确认。只有如此，才能确保新闻的真实，才能与通讯员愉快合作实现双赢。

"兵书"倒背如流 偏偏"街亭失手"

2010年和2011年之交,在春运的紧张时节,广西遇上了严重的低温冰冻灾害。国道210线河池市南丹县六寨段因路面结冰实施封闭,导致车辆滞留达20多公里。天寒地冻,8000多名司乘人员急需救援安置。1月2日,广西壮族自治区主要领导从以人为本、关注民生的理念出发,迅即作出重要批示,要求全力救援。

次日,广西日报传媒集团各个子报和其他媒体都及时报道了全区上下紧急救援、确保司乘人员平安和被冻车辆安全通行的民生新闻。而作为自治区党委机关报的《广西日报》,却在这一重大事件中"失语",只得于1月4日在头版作突出报道进行弥补。

负有责任的这位记者,熟读新闻教科书,平时也能一套一套地讲当一名好记者所应具备的素质,而1月2日,南丹县通讯员已将关于这一事件的图文报道材料发到他的邮箱里。但在这一关键时刻,他却失去了正确的判断,

失去了新闻敏感，没有及时赶到现场采访，也没有向报社领导汇报，造成了报道的延误。

教训：

关注民生，是新时期我党对新闻工作"三贴近"的具体要求。记者要时刻绷紧抓新闻、特别是民生新闻的心弦。平日是这样，假期也不能放松。尤其是驻站记者，对当地的有关新闻绝不能遗漏，即使把握不准，也有责任先向编辑部通报相关信息。

这位记者在新闻学理论上造诣不浅，而且对如何抓新闻、如何应对紧急采访也颇有心得，还专门上台讲过课。但令人遗憾的是，到了发生重大民生新闻的关键时刻，却见不到他的身影，悄然失语。犹如对兵书倒背如流的马谡，在前方最需要坚守的时候，他却偏偏"街亭失手"。

作为驻站记者，必须"守土有责"，在驻地的前沿眼观六路耳听八方，不漏掉驻地任何一条重大新闻，在关键时刻要冲锋在前。

自己节日都搞错　错在不易出错处

2007年11月8日，是中国记者节。《广西日报》在头版刊发题为《牢记时代的责任——写在第九个记者节》的本报评论员文章。

中国记协2000年1月25日正式向国务院提出《关于确定"记者节"具体日期的请示》，国务院于2000年8月1日正式批复中国记协，同意11月8日确定为中国"记者节"。所以，2000年11月8日为第一个记者节，到2007年应是第八个记者节。第八变第九，自己的节日搞错了。文章见报后，有同事婉言批评："怎么提前让我们过明年的记者节？"有读者打电话说："自己的节日都搞错，太不应该了。"

教训：

这个案例说明，有些差错往往就出在大家以为不容易出错的地方。诸如第几个记者节、多少周年之类，自己的节日，太熟悉了，以为不会搞错。还有一些固定的词组和表述，比如中国特色社会主义、又好又快发展等等，记者、编辑往往觉得不会弄错，所以在看稿看样时容易一带而过。其实，每一篇稿件的任何地方都有可能出错，每一个地方都不能疏忽。避免此类差错的发生，就要增强工作责任心，稿件的每一个字、每一个地方都要准确，要认真盯、仔细看，每一个环节都要认真把关，特别要盯住平时似乎最不容易出错的地方。首先是记者写稿要准确，工作要仔细，拿不准的地方要认真查证核实，不能单凭自己的记忆，这样才能做到在写稿这一关不埋"地雷"。这是最重要的。其次要严格执行主任发稿制度，从工作流程查找出错原因，这篇稿少了主任发稿环节。当然主任发稿并不就一定能杜绝差错，但能多一道"挖雷"关。再次，评论员文章见报就正常程序而言，要经过撰稿、值班主任编发、分管总编审发再到夜班的值班社委、主任、编辑、检查、校对等环节，把第八个记者节写成第九个记者节的差错经过这么多环节后还是见报了，与每个环节疏忽都有关系。只有每个环节都把好关，才能减少差错。

准备不充分　代表"被改名"

2008年1月27日,《广西日报》第5版《自治区两会特刊》刊发本报记者采写的《杨恩代表:尽快把喜讯带给群众》一文,将出席会议的人大代表杨恩维的名字漏写了一个"维"字。

此事之后仅一个多月,同一记者采写的稿件《民情日记写到北京来》刊发在《广西日报》3月4日第5版《全国两会特刊》上。文章居然再次出现写错与会代表名字的问题——把全国人大代表梁启波的名字错成了"梁启梁"。

教训:

同一个记者相隔仅一个多月写的两篇报道,都把采访对象的名字弄错。要消除这类错误,除了加强严谨的采访作风外,更需要强调做好采访前的准备。

每年的两会报道,无论是全国两会还是自治区两会,对参加的每一位记者来说，都是体力、脑力的"消耗战"。而同时，两会报道，又是从时政到经济、从民生到文化，新闻点频现，是让记者时刻高度兴奋、读者高度关注的一场"新闻大战"。因此，两会报道，对每一位记者都是一个巨大的挑战，而差错往往也最容易在这时候产生。

要杜绝这样的差错，准确掌握新闻事实，对记者来说没有其他法宝，只有一再强调的采访前的深入调查研究，充分掌握资料，以及采访时的细致、认真。

记者是新闻报道的原创人，是新闻报道的导演，采访前对采访对象、背景材料掌握的深入程度。因此，采访时的认真程度，采访后思考的深度，都决定着新闻报道的质量。

在参与两会报道这样的高强度、高密度工作之前，记者应当全面掌握代表、委员的姓名、工作单位及职务、履历、电话等，甚至应当在两会前就与他们取得联系，了解他们的提案、议案的内容、方向，从而使自己在两会"新闻大战"开始之后掌握更大的主动权。对一些重要的采访，更是要把案头准备深入再深入，翻阅资料、学习政策、寻找切入点、提炼采访提纲……

两会期间作采访时，事先要一一清点、准备好证件、笔、采访本、录音笔、相机、名片、电池等，事中应当认真做好记录，事后要及时补全、纠正匆忙采访时的遗漏。

党报的定位决定了其内容的权威和深度，这就要求党报的记者在作一切采访和写作时，都应当高度认真、全力以赴，做好周全的、深入的准备工作，不打无准备之仗。

人物名字常搞错　折射采编不细心

2004年8月17日,《广西日报》第2版刊发《南宁市为改进和加强未成年人思想道德建设　全力打造"三位一体"教育体系》一文。报道刊发后,副市长来电,"感谢"记者再次帮他"改名"。原来,记者将南宁市副市长名字写错了,且记者已经不是第一次为他"改名",副市长只好"再次感谢"。

2010年2月23日,《广西日报》第4版刊发消息《我区交通绿化美化工程启动》,文中把参加启动仪式的广西壮族自治区交通运输厅厅长的姓氏搞错了。厅长新上任,后方编辑不熟悉,因此也没有在编辑环节及时发现、排除差错。事后只得在《广西日报》上刊登"更正"纠错。

类似的案例还可以举出不少:把领导的职务弄错,或者把领导的姓名弄错;本来没有出席会议,却说他出席了;本来甲领导参加某项活动,却说是乙领导参加,等等。

教训:

作为一名新闻记者,对于新闻五要素即"五个W"一定要了如指掌。"五个W"指一则新闻报道必须具备的五个基本因素,分别为何人(who)、何时(when)、何地(where)、何事(what)、何因(why),这是新闻中不可缺少的五个方面,是对新闻报道的基本要求,也是记者采访时必须获得并认真核实的基本素材。以上差错的原因就在于记者在采访中责任心不强,对新闻最基本的要求重视不够,在向采访对象了解姓名时,单凭"耳听",就主观臆断,事后又没有通过其他渠道去认真加以核实。

这类差错都是由于记者采写不细致所致。如果记者用心采写,认真核实,后面各环节也都严格把关,用心斟酌,多问一声,多查一查资料,此类差错将大大减少乃至消除。

错之一字　谬以千里

2006年6月9日《广西日报》第6版《环北部湾已形成"林浆纸"一体化产业链》一文，把北海市的合浦县错为"浦北县"。"浦北县"其实在钦州市。

2006年10月13日《广西日报》第6版《对接东盟》专版《从比较优势看沿海三市的发展方向》一文，把钦州市的八寨沟景区错为"八角寨景区"，其实后者远在桂北的资源县，一南一北，相距千余里。

2008年4月9日《广西日报》第4版，有一张照片说明："广西盛凯混凝土有限公司在灵川县城郊举行开业投产仪式"。其实"灵川县"应为"灵山县"。这两县也相距千余里。

2008年11月14日《广西日报》第2版刊发《大山有路——我区农村公路建设成就扫描》，文转第2版中，"都安都结乡"的"都安"应为另一个市的"隆安县"。这一字之差，也得跑断腿。

教训：

"为了避免差错，记者可以采取哪些安全措施呢？最重要的是坚韧的警觉。对于写下的每个字，都要煞费苦心地加以核实，尤其涉及人名、日期、年龄、时间、地点等等。"这是美国的米契尔·V.查恩霍在其《新闻要准确明了及时》一书中说的。

米契尔·V.查恩霍为何提出这样的观点？因为即使是一字之错，也可以谬以千里。上述案例中出现的错误就是突出的典型："合浦县"错为"浦北县"，"八寨沟"错为"八角寨"，"灵山县"错为"灵川县"，"隆安"错为"都安"，这一字之差不仅使真假地名和单位相去千里，而且导致整篇新闻完全失真，对新闻的真实性、严肃性和媒体公信力、竞争力等不良影响绝不可低估。

国内外有不少地名相似度极高，稍不留神就会张冠李戴，闹出笑话。为了减少这方面的差错，记者对写下的每个字，都要加以核实，必须高度灵敏、极度重视，核实稿件中写的人名、日期、年龄、时间、地点等等，在发稿前应多看一两遍，并尽量把稿件给采访对象审读，这是核实的较好办法。除了记者采写认真细致之外，编审发检校环节也要高度重视，从严把关，仔细辨别，筑起思想防线。平时，最好把相似度高的地名集中编排成册，以利编审发检校环节查阅核实。只要大家都重视起来，对新闻中的每个字都一丝不苟地加以核实，一字之差之类的错误就会大大减少。

标题、导语、正文三重复的稿件
——有感于一些啰啰嗦嗦的稿件。

（蒋钦挥／文、全君兰／绘，原载《新闻潮》2005年第8期）

编辑马虎　文不对题

2008年2月18日《广西日报》第10版《八桂新农村》专版，刊登了两条小通讯：《国有林场改革路越走越宽》和《水果产量创新高价格好转》。乍一看标题，没什么不妥，但再看内文，却让读者越读越糊涂——

写林场的通篇是水果，写水果的通篇是林场！

原来，这两篇排版一上一下的文章，标题张冠李戴了！经检查编辑流程，差错出在了版面清样后，编辑为了版面美观，在电脑上把这两篇文章的标题做了一些调整，但放回去的时候却摆错了位置，又没有仔细再检查一遍，造成了文不对题的差错。

以上属于文题不符。再举文图不符的案例：

2008年6月24日《广西日报》第4版，有一张照片的文字说明为"合浦县廉州镇今年莲藕喜获丰收"，实际内容为"广电局送电视"。

2010年1月4日《广西日报》第3版《科学发展引领路　聚财为国谱新篇》一文配图的说明为："在深入开展学习实践科学发展观活动中，来宾市国税局从纳税人的需求入手，特别是新的增值税条例扩大抵扣范围后，为让企业用好用足这一惠民政策，该局及时组成税收服务小组深入来宾东糖纸业有限公司宣传最新税收政策，支持和鼓励企业提高自主创新的能力，为企业的发展注入新活力。"

其实，文字说明应是："自治区国税局党组书记、局长王柳德（右一）在来宾市委书记张秀隆（左二）的陪同下，到来宾市国税局调研科学发展观实践活动。"

教训：

在新闻产品的生产流程中，编辑是一道重要的工序，是杜绝虚假新闻的第二道重要关口。报道差错很多时候就与编、采机制不畅，以及记者、编辑没有严格执行采编流程有关。

新闻报道是在一条脉络清晰的流水线上产生的。在此流水线上，任何的改动、偏差，都可能产生差错。从某方面来说，采编程序是否严谨，是否能严格执行，甚至比编辑、写作水平的高低更重要。此例中的差错，即产生于程序上的偏差或疏忽。

这同时又涉及采编流程设计的科学性、媒体组织架构的设计等问题。只有根据不断发展变化的政治、经济、社会和技术现实，设计、调整出科学合理的媒体组织架构，在此基础上设计出一套信息传输流畅、速度快、失真小的采编流程，并在实际操作中严格执行此流程，才能最大限度地减少乃至杜绝新闻差错。

删减未通读　丢三又落四

2008年10月26日《广西日报》头版消息《抓"五高"促"五新"　争当科学发展排头兵》，文中只列出了"四高"促"四新"的具体做法，与主标题的"五高"、"五新"不统一。

2008年12月16日《广西日报》第7版刊发《凌云国税税收增收超1000万》一文，文中有"四是加大税收宣传力度"，但前面却没有提到其他三种做法。

教训：

文不对题，丢三落四，这类错误，既可能出现在写作环节，也可能出现在编辑环节，但更多地出现在编辑环节。编辑的一个重要职责，是根据媒体的特点、主题的要求、版面的情况，对作者文章进行剪裁、删减是编辑的主要工作。但正如做衣服一样，一块布剪裁之后必须按衣服设计的总体样式做成完整的衣服，这样才算完成任务。而要达到这个目的，就要有整体"图样"，并严格按照图样"缝合"，通盘贯通，整体与局部之间、局部与局部之间要协调，而不能缺领子少袖子。前一个案例，只顾把内文的"一点"删减了，而没有通读全篇文章（包括标题），把它做成完整的"衣服"，而是顾"头"不顾"脚"，使文章"文不对题"，"题五""文四"，做出一件残缺不全的"衣服"。而后一个案例的性质也一样，没有在删减之后再通读全文，丢三落四，致使文章结构残缺不全，逻辑不通，莫名其妙。因此，编辑一篇文章，不能只见局部不妥就动手删减，而必须在通读全文、透彻理解后才动手。删减后，编辑一定要通篇阅读，编辑理顺整体与局部、局部与局部之间的逻辑关系，使全文贯通，准确表达主题。

岁尾年初易出错　记时方式要写实

2007年1月19日《广西日报》第7版《教育》专版刊发《点滴为支教 处处见真情——记广西医科大学驻凌云县支教队员马冬林》，文中"他们顺利促成了广西医科大学今年5月、10月两次分别向加尤中学捐资捐物5万元和23万多元"，其实时间已跨年度，"今年"应为"去年"。

2008年1月5日《广西日报》第8版《旅游天地》刊发《南丹着力做

大做强旅游产业》，文中"今年，景区共接待游客5.3万人次"，"今年"应为"去年"。

2008年1月14日《广西日报》第12版《人才》专版刊发《科技致富领头雁 奖杯口碑双丰收 ——记全国科技部星火科技致富能人莫品县》，文中"今年10月底，还被推选为桂林市养猪协会副会长"，"今年"应为"去年"。

教训：

此类时间上的差错，比较容易出现在新年的1月、2月。此时上一年刚刚过去，留存下来的稿件要见报，文中的时间却没改过来。可见，每年的1月、2月，是容易出时间差错的"雷区"，应引起警惕，每逢此时处理此种稿件，都须注意稿件中的时间表述。不过，除了因为跨年容易出错这一客观的原因外，也与记者、编辑不能坚持新闻要"新"的原则有关。新旧年交替之际，虽然相隔只有一两天，但毕竟是跨年度了，新年旧年"整体之计"有了较大的改变，"旧计"已经结束，"新计"开始谋划。因此，上一年留下的"旧闻"稿件就不该再用，即使再用，也要从新年中找一个由头。只要坚持了"新"的原则，就会找到新的材料、新的由头，就不会忘记旧年已经过去，新年已经来临。此外，出现这种错误的原因也与时间的表达习惯有关。新闻的时效性，是越近越好，"月"比"年"好，"日"比"月"好，"秒"比"分"好。而记者写报道时对时间的表达，许多时候还用"年"为单位。记时单位过大，动辄以"年"论，说明文章的时效性不强，也不精准。同时，这种记时方法不具体，"去年"、"今年"、"前年"，如果脱离上下文，是无法确切知道具体时间的，这就容易出现上述的错误。如果记时的方法一律采取实记法，如2010年、2011年，这样就容易避免由于跨年出现差错。

量词出差错 报道全失真

2004年10月26日《广西日报》第2版刊发《李嘉诚基金项目组专家对西大图书馆进行检查验收》一文，称"图书馆总投资近7000万元人民币，总建筑面积3.1平方米"。李嘉诚基金项目组及广西大学当天即向编辑部投诉，并质问该文记者：7000万元只建了个3.1平方米的微型图书馆？显然，该文记者在写稿时，粗心漏了一个"万"字。而编辑在编审过程中也粗心大意，最终导致"3.1万平方米"微缩成"3.1平方米"。

2010年7月27日，《广西日报》头版头条刊发《"学"而致高远 "行"则奋争先》一文，称柳南区"财政收入突破亿元"，实际上应为"完成财政收入10.56亿元"。记者写稿时并没写错，而是编辑在编改时心浮气躁所致，结果不得不以"更正"收场。

类似的错误还出现在2011

年1月19日《广西日报》第9版的消息《贵港农民腰包胀得快》称："全市农民人均纯收入达5310亿元。"一个"亿"字让农民兄弟的纯收入离谱地"被增长"了。

教训：

以上案例出现的差错，根源不是记者、编辑没有常识，而是粗心大意。经济社会不断发展，新闻稿件中不可避免地出现越来越多的数据。新闻从业人员每天接触的数据太多，极易产生"熟视无睹"的麻木心理。记者写稿时往往信手而写，不细心复核，甚至不复核；编辑把关时只注意基本事实，对数据一目扫过，不疑不惑。本该极易避免的差错就这样轻易溜过。所以，无论是记者还是编辑，时刻都要有强烈的责任心，面对数据必须瞪大眼睛，多加停留，细心盘查核实。

把关制度缺失　稿件重复见报

2006年6月2日《广西日报》第12版消息《"红姑娘"喜"嫁"他乡》，早在同年5月15日第六版已经发表过。

2007年1月9日《广西日报》第6版《大力发展南北钦防都市圈经济》，内容与两天前的第6版《依托中心城市　发展区域经济》雷同。

2007年1月30日《广西日报》第11版《中国-东盟经济园区招商引资获自治区表彰》，与当月25日第6版的一篇文章完全相同。

2007年7月3日《广西日报》第7版《田草纸：千年纸业的历史传承》，与同年6月23日第七版《传承千年造纸术——走进宛田瑶乡"造纸村"》一文内容完全相同。

2008年5月13日《广西日报》第5版消息《金秀财税系统开展"大手拉小手"税收宣传》，内容与当日第7版《金秀财税系统开展"大手拉小手"税收宣传活动》雷同。

教训：

同名作者、同篇稿件，为什么能在同一张报纸上反复发表？从以上案例看，重复见报的稿件，有同一天不同版面的，有同版面不同时间的，也有不同时间不同版面的。个中原因是：通讯员一稿多投，不同部门的编辑，甚至同一部门的不同编辑没有互相沟通，更没有细心看报，重复编发。要避免这种差错，简单地要求编辑们每天细心读报、牢记每个版每一篇见报的稿件，是不可能也不科学的，关键是要建立新的把关制度。如今的报纸版面多，信息量大，加上各报社部门设置不尽相同，分工管理的稿件五花八门，所以必须创新把关制度。目前各报基本都有了电脑资料库，只要出版部门增设一两个岗位，利用电脑对次日见报的每一篇稿件逐一检索，即可消灭重稿。

同一专版 两度现身

2007年10月25日《广西日报》第5版刊发的《北部湾新闻》专版，10月29日又在第11版再度现身，整版文图一模一样。如果是商家投放的广告版面，因多次投放而重复出现很正常。但它是新闻专版，重复就是罕见的重大差错。单篇文稿重复见报有时难以避免，但整版重复见报就极为罕见了。

该版是这样重复出笼的：专业部门第一次出清样后，因故不能如期见报，清样被暂时搁置在出版部门。10月25日，专业部门重出清样签发见报。但是，原来留在出版部门的清样却没有处理掉，出版部门在29日需要临时扩版时，因时间紧急，误把压下来的清样重新发版印刷。报社压版延后再发之事正常。而极不正常的是，该版见报之后居然又能再度现身。

教训：

这一罕见差错的发生，说明我们的发版流程和把关制度存在严重漏洞。任何专业部门的专版，见报之前都必须经过专业部门编辑及值班主任、夜班值班主任及值班领导、校对和质检人员等层层把关。该版却能逃脱一个个关口重复见报，这说明各把关人员没有认真履行职责，暴露了把关制度的严重漏洞。

在当今这个"厚报"的年代，各层把关人员每天要面对十几甚至几十个版面，不容易熟记同一天或不同天的每个版面内容。因此，必须从制度改革入手，才能彻底避免此类差错。这次重版事件之后，报社采取了新的出版流程和把关办法：次日见报的专版，必须当天出清样，而且由专业部门负责人签字并署上清样日期才算有效；出版部门把关时如果发现不是当天签发的清样，就不予以见报；压版的清样第二天一律标明作废。这一制度执行以来，未再发生过此类差错。

防错无奥秘　认真是关键

2008年2月27日《广西日报》头版"南宁市天气预报"一栏，竟错为"最高温度7℃，最低温度10℃"，完全颠倒，闹出笑话。

2008年8月15日《广西日报》头版消息《马飚主持召开自治区政府常务会议　强调抓好今年为民办的十件实事和桂西五县基础设施大会战》，文末的"下转2版"，应为"下转4版"，指向错误，令读者找不到下文。

另外，2004年1月8日《广西日报》头版消息《自治区十届人大二次会议在南宁隆重开幕》一文，文末漏掉了一行字："的历史性机遇。（下转2版）"。

教训：

此类差错均为编辑的粗心马虎引起，这几个案例引发了对新闻从业人员作风培养的话题。报纸的编辑出版工作，责任重大，环节多，同时，报纸受众面广，影响力大，白纸黑字，长期留存，差错也长期留存，负面影响很难消除。因此，提高办报质量，不仅要确保新闻报道的主题思想观点正确，同时要使每句话，每个词，每个标点，每个数字、时间、人名、地名正确。这是一种极其复杂和细致的工作，来不得半点马虎。因此，新闻从业人员必须改变粗枝大叶、浮躁马虎的作风，养成认真、严谨、耐心、细致的工作作风。除了每个新闻从业人员要具备这样的工作作风外，报纸生产的各个环节还要分工明确，职责落实，各负其责，而且相互协调，互相纠错。如果各个环节的编辑都认真仔细了，这类差错是应该能够避免的。

民族问题无小事　名称写法要记全

2007年1月15日《广西日报》第12版《人才》专版中,《六大关键词盘点2006年人才工作》一文中两处"广西自治区人事厅"应为"广西壮族自治区人事厅"。

2007年6月28日《广西日报》第3版,《疏沟清淤还整洁　百户居民声声谢》一文中"大化县"应为"大化瑶族自治县"。

2007年7月14日《广西日报》第8版《旅游天地》专版中,《兴安大力推动旅游业发展》一文中"兴安自治县",应为"兴安县"。

教训:

上述案例的差错关系到民族问题。广西是我国五个少数民族自治区之

183

一，区内设有多个少数民族自治县、自治乡等，对区内单位的名称和民族自治县、自治乡的名称，都要写全，否则轻者视为差错，重者可视为不遵守民族自治法，影响民族团结。要避免这类差错，一个有效的办法是，把区内少数民族自治县、自治乡的名单单独列出，加以熟悉，写稿、编稿、发稿时作比对。从新闻学角度看，上述案例的差错，是新闻基本要素的差错。时间、地点、人物这些新闻的基本要素，看似简单，因此往往容易被忽略，导致出错。但是，既然被称为"基本要素"，就断不能缺少或弄错。地点名称不全，新闻事件便无法准确地落实到具体发生地，整篇报道的价值就会失去，更有可能张冠李戴，发生"二次造假"。因此，对时间、地点、人物这些新闻基本要素的准确性，要高度重视。同时，记者、编辑要做"万金油"、"活字典"，广泛涉猎各种知识，特别注意常识积累，丰富知识结构。这样，便能炼就识别错误的"火眼金睛"，面对错误便能一眼看穿，不被"蒙骗"。

第五编

总编辑手记

我们到底为何犯错？

◎《广西日报》总编辑 李启瑞

金无足赤，人无完人。做任何事都难免会出错，关键是我们用什么态度来对待所犯的错。

办报，不例外。

报纸每天都要出，从不出错，那很难。

党报，不例外。

每年，我们都会吸纳一些新鲜"血液"加入编辑、记者行列，不仅有应届毕业生，也会有转业转岗的通讯员。不管是科班出身，还是半路出家，在实践过程中都有可能出错。

当面对这一沓归纳出来的我们见诸媒体的虚假和失实报道，我们脸热心悸之余，只能选择向读者道歉——我们错了，这或许是一种解脱。

但，错了就错了么？

错了，不但要接受批评，更要进行自我批评，这是为了惩前毖后，为了不断进步。

错了，还要知道为什么会错。

究其原因，还是关乎我们编辑、记者的政治修养、业务素质和职业道德的问题。

作为党的喉舌，新闻媒体特别是党报，如果没有高度的政治修养，我们的舆论导向就会把握不准，我们的新闻方向就会出现偏差，由此造成不可避免的差错。没有高度的政治敏感，我们的党报就失信于读者，失信于大众，这就不是出错那么简单的事了。

新闻从业者特别是党报的编辑、记者，一定要有高度的政治修养和职业精神，才不会出现已"双规"的局长被"复出"的荒唐；才不会一再出现领导被"改名"的窘境；才不会因漏新闻而陷入被动的局面……

俗语说："耳听为虚，眼见为实。"在科学技术如此发达、信息传播如此迅速的时代，有些事情已经变得眼见不一定为实，耳听未必就虚。哪些是实？哪些是虚？不炼就一双"火眼金睛"，去伪存真，那就很容易出错。

我们采写新闻、编辑稿件，既要胆大，更要心细。

胆大，是我们对新事物敢于作出大胆的客观判断，勇于挖掘新闻眼。心细，是对新事物作出大胆判断的同时，在采访中要善于求证、求真，写稿、编辑时认真细致。

我们出错，往往就是胆子大了，心却不细。

这些年，新闻行业的竞争压力越来越大。少数一线记者、通讯员，为了完成任务，使用不正确的手段，不采访只挂名、改写旧稿、一稿多投，造成新闻失实、新闻重稿等极其恶劣的影响，这就是职业道德的问题、人品的问题。办报人，既要有作品也要有人品。人品不高，着墨无法，作品就容易出错。

一个人难免犯错误。知错能改，还是好同志。

知道了为什么出错，才知道怎么改正，就不会总错。

我们的差错，很多是粗心大意造成的，把人名、头衔张冠李戴，稿件内容重复，标题出错，甚至连基本常识也出错，这些都是很不应该的。

以多年在新闻宣传单位工作的经验来看，其实，我们的记者不要过分迷信现有材料，向采访对象多请教多证实，就不会在稿件里出现国家政策偏差、人名张冠李戴、时间顺序颠倒等错误。

我们的编辑不要过分迷信电脑纠错，编辑稿件再严谨一些，把关再严一些，也就不至于出现被重稿、重版钻空子、文不对题等错误。

我们的记者、编辑再多一份责任心，记者不要总想着稿子交上去还有编辑把关，编辑在把握新闻稿件大方向的时候也要认真细读稿件，查疏堵漏就不那么难了。

新闻的社会影响力极大，因而新闻工作者承担的社会责任就极重。我们经常曝光假货，作正义状；我们不时披露错案，作公平状；我们也会斥责假文凭，作义愤状，诸如此类，以显示媒体的社会功能。殊不知，一审视自己，我们也不时出现虚假新闻。新闻人都知道，不做假新闻是新闻人的底线，己不正焉能正人！只有增强职业道德，才能承担起社会责任！

于是，将我们报纸出错的案例搜集成册，以告诫鄙人与同事，这个想法已有数年。

承认错误是需要勇气的。承认错误、惩前毖后却恰恰是《我们错了》内部资料版编著成书的动因。

在社会各界的广泛关注和鼓励下，我们抱着对人民负责、对历史负责的严谨态度，将《我们错了》再版公开发行，并借此与同行共鉴之，与读者共勉之。

广西日报传媒集团内部正掀起一次"杜绝虚假、失实、差错报道"大讨论活动。借此机会，我们将形成一个"杜绝虚假报道、增强社会责任、加强新闻职业道德建设"的长效机制，并持之以恒将这个机制落到实处，完善提高，全面提高党报的舆论引导水平，办出让党放心、让人民满意的好党报。

从"桔子树上结南瓜"说开去

◎《南国早报》总编辑 蒋钦挥

猎奇，是记者的天性。一个好记者，就应该有"鹰一样的眼睛、猎狗一样的鼻子"——记不起是哪个大师说的话了。

但是，最近本报接二连三地因猎奇而险情不断："桔子树上结南瓜"，"贵州一杀人犯自首"，"新疆人送南宁人回邕"；再说远一些，有"性教育改革"，有某局长"被捕"，有"饼干点燃冒黑烟"等。一张报纸，如果老是出现不实的新闻，读者又怎么会掏钱买你的报纸呢？

重提这些不光彩的事，作为总编辑，心里感到惭愧，也使个别同事感到难堪。但为了《南国早报》的形象，为了使全体同仁引以为戒，也为了使来本报实习的年轻后辈少走一些弯路，我又不能不提。

作为一个新闻记者，一方面，我们面对的是一个复杂的社会。这种复杂性，是一个普通人所无法想象的。西方一名记者说过：新闻记者的最高职责，在于阐明真理，让魔鬼感到羞愧。我想，现实生活中的"魔鬼"是不那么容易羞愧的。如果你仅仅是为了猎奇，仅仅是抱着一颗善良的同情心去采访，你就上当了。你要想少交"学费"，你就得多长一个心眼，多长一双眼睛，多问几个为什么，尤其是对一些猎奇的事情。

问题的另一方面，是我们记者（包括实习生、实习记者、见习记者）本身。

打铁先得自身硬，可是我们有的同志自身"硬"不起来。

一是一些记者的社会阅历不够，生活经验不够，还不会在复杂的事物（事件）中学会如何识别真假、分辨是非，仅凭着一股子热情，一股子干劲，满腔热血，"为民请命"，这就难免在复杂的社会中上当受骗。

二是一些记者的采访工作不过硬，不愿做艰苦深入的采访，或浮光掠影，或蜻蜓点水。这种浅尝辄止的采访，往往是只看到表面便以为是实质，看见树木便以为是森林。须知，除了个别可遇不可求的新闻外，任何一篇好新闻都是经过艰辛的劳动而获得的。在新闻工作中，没有不劳而获的事。

三是一些记者的新闻业务不过硬，本身就缺少真才实学，却又抱投机取巧之心，于是常耍一些小聪明。常见的手法有：

（1）遇有通讯员来稿或传真，认识的打个招呼，不认识的干脆改头换面，添上自己的大名，有的干脆偷梁换柱，把别人的名字一笔抹掉。这类记者有点像剪径大盗。

（2）四处撒网，胡乱摸鱼。通讯员来的稿子，不管是鸡毛蒜皮，还是芝麻绿豆，一律署上自己的大名。这些人活像一个街头拾垃圾的。

（3）坐在办公室翻翻别省的报纸，见到可取之文，改改人名、地名、数字，"外省货"便成了"本地货"。这些人永远难成为好记者。

（4）写稿不认真，甚至写完以后都不看一遍，认为有编辑把关，把稿件丢给编辑，万事大吉。万一地名、人名、数字写错，事情就麻烦了。

（5）采访时偷懒，不认真作记录，对有疑问的地方，不刨根问底，写稿时便抓瞎。

四是思想意识不过硬，把利看得太重，把"做记者先学做人"丢在脑后，为了蝇头小利，什么早报的名誉、早报的形象都不管了。须知，这样的人在任何报社都不会受欢迎。有句话，叫"谁砸早报的牌子，就砸谁的饭碗"。这话说得有点欠人情味，但不这样做，一颗老鼠屎就会坏了一锅汤，奈何？

"桔子树上结南瓜"，是骗子在给我们上课。我衷心希望有志于新闻事业的同志，包括实习生，一是炼就一双"火眼金睛"，明辨真假是非；二是练好自身的内功，珍惜自己的名誉，摒弃一切投机取巧的心理，扎扎实实，坚持数年，必定会获得应有的回报。

再谈"桔子树上结南瓜"

◎蒋钦挥

前几天写了篇《从"桔子树上结南瓜"说开去》一文,觉得言犹未尽,生怕同仁误解我的意思,不敢去写猎奇的东西,不敢去碰反常的事情,那就有违本意了。

按照新闻规律,稀奇的事当然是可以写的,有的专业书把它归在新闻构成要素中的"趣味性"或"人情味"一类。稀奇的事会引起广大读者的普遍兴趣,或叫共同兴趣,因为人人都有好奇心。《南国早报》初创时,我曾看到一篇稿子,写一个老人用一条蛇泡酒。按理,用蛇泡酒一点不稀奇,但问题是那条蛇是活的,半年之后老人打开酒罐,却被蛇咬死了——这就稀奇了。此文虽然发了多年,当时我不在报社,但至今记忆犹新。

但猎奇不等于离谱。曾有一位伟人说,真理只要向前迈出一步,便成谬误了。尽管自然界尚有很多我们未知的东西,当初也可能被当成谬误,但就现阶段普通读者来说,遇到违背常理的东西,记者就需要多问一个为什么。

比如"桔子树上结南瓜",如果记者到了现场(事后了解,记者果真没有到现场,只是在通讯员的稿件上署了名),能否看得仔细一些?另外想一想,从南瓜成形到变成黄色,起码要一个多月,为什么当初没有听说过?再有,那个稀奇的南瓜一边黄一边白(后文如是说),也可以看出破绽——并非一直是长在树上的。

再举这个例子,纯粹从探讨业务的角度出发,没有半点揭短之意。要说责任,作为总编,我也难辞其咎。写了一篇错误文章,心里会内疚很久很久。1985年,我陪报社一位老同志到他兴安一位房东家,采访房东养蚯蚓,合写了一篇《致富能手某某》的稿件,后来,我的表弟打电话来问:"看了你的文章,我养了蚯蚓,如今外贸局不收,怎么办?"我只有惭愧的份。从此以后,再也不敢乱写所谓"一夜致富"的文章。

由于猎奇,写了不实的文章怎么办?

一是不遮盖，不护短。"桔子树上结南瓜"的记者已经写了一个情况汇报，我认为还算深刻。"人非圣贤，孰能无过，过而能改，善莫大焉。"我们希望他今后不再犯这种低级错误。二是赶快补过。发了《桔子树上结南瓜》的稿子，报社立即派人下去，重新报道事情真相，老老实实向读者道歉。

从业20多年，我有一个小小的体会：作为一个记者，任何时候都要相信自己的眼睛——眼睛有时还有看走眼的时候，何况耳朵乎？因此，只要我自己没有去采访过的稿子，哪怕再生动，我绝不允许署我的名字。不知道我这个小小体会，对大家是否有借鉴作用？

合情还要合理，客观还要公正
——2005年3月15日至31日半月值班体会

◎蒋钦挥

半个月值班，大的错误没有发现，小的错误却不少。相信随着大家责任感的提高，小错频出的情况会好转。这里只说说记者看新闻事件的一些方法问题。

以3月25日的《南国早报》为例，第6版有一篇《改变建筑工地民工居住环境——（引题）/靠老板，也靠民工自己（主题）》，讲老板不关心民工的生活，这里主要是指住宿条件。开头一句就是："俗话说：吃好还要住好。"这话错没错？肯定是没有错。但是在特定环境中，对于特定的人物——民工，就值得商榷了。民工是出来打工的，吃好住好当然好，但这恐怕不是他们的主要目标。他们的主要目标是赚钱，是为了养家糊口。在这里，恐怕是不好用我们的吃住标准来衡量的。

文章写道，记者发现："许多民工睡觉的地方，有的潮湿不堪，有的厨房与厕所紧靠在一起，饭香和臭味同时飘散；有的厕所既是澡堂也是卫生间，一到晚上，几十号民工便轮流使用。"这些话我完全相信是真实的。对于民工这样的生活条件，我也同意记者的观点，老板应该给予改善，在有条件的情况下，要让他们吃得好一些（前提就是不能让民工自己多掏钱），我们记者也应为他们鼓与呼。但下面这节描写，则乱打乱了"屁股"。

记者继续写道："民工们居住的房间里，各个角落摆着七八张由几块黑乎乎的木板搭成的简易木床，床头扔着一堆发臭的衣物。床底下，是沾满了油污、泥巴的各种工具，地板散发出一股霉味，饭桌离床铺仅二三步，饭桌上除了放着尚未清洗的碗筷之外，还有很多乱七八糟的东西。"

房间乱也是老板的责任？这就不公道了。我曾在"东巴凤"（广西比较贫困的东兰、巴马、凤山三县）跑了一个月，掀农家的蚊帐看有没有叠被子，结果没有一家叠过被子；我也曾在天津大邱庄采访，看了十多家农户，也没看到一家叠过被子。恕我官僚,我没到本报社单身男同胞住所去看过,不知是否比民工的房间整洁一些,但我凭个别男同志几天不洗澡发出的那股异味,就猜出个八九不离十。说到底,这是一种陋习。我本人到过工地,住过工棚,在水利工地干过好几年,数十年没养成叠被子的习惯。老婆训之,唯言者谆谆,听者藐藐。

一篇文章要让人看了信服,觉得在理。这里把房间不收拾干净也算在老板的头上,那就是"冤枉大老爷"了。

再看当日第10版的一篇文章——《同是桂林人,待遇不一样(主题)/有关部门解释景区门票优惠为何"厚此薄彼"(副题)》,开头就说:"长期以来,桂林市区公园门票面向市民有优惠门票出售。但令人不解的是,这项惠民措施也仅为部分桂林人所享受,更多的桂林人被'排斥'在优惠之外。"接着就以"仅13%的桂林人享受优惠"、"让人心里有疙瘩"为小标题,举例说明老百姓的种种怨言。

桂林地市合并以后的市民进公园,为何避免厚此薄彼,是可以写的。记者发现了这个问题也难能可贵,只是记者要客观地看待这个问题。

稍有点常识的人都知道,桂林市原来管两个县,140多万人,后来地市合并,现在管12个县了,共487万多人。人口增加了数倍,如果都优惠,肯定有很多难处,如景区的承受力、是否影响国内外其他游客的服务质量,等等。对此,我们记者都应该想清楚以后再发言,让读者看了觉得记者有水平、有见地,对地方建设有帮助,而不是说记者乱放炮,或者说少不更事。

再看当日第7版《借水"借"出汩汩暖流》一文。文章说天等县一学校教师没水喝,到村民家里去借水。当时看到此节我就想:学校教师没水喝,村民为何有?把编辑叫来一问,原来文章没交代村民家里有水柜。后来看到消防队每天派出三人及一台车给教师送水,就想:消防车是有专职的,抽走了车,万一哪里起火了怎么办?文章没有交代清楚,应叫编辑补上。看来作者又是顾此失彼了。

上面三篇文章,都犯有类似的通病:缺乏客观公正,或者顾此失彼。

在大学读书时,恩师虞达文先生说过:"一个事情的发生,有一因一果,有一因多果,有一果多因,有多因多果,有多果多因。"此话我终生铭记。

一个新闻事件（客观事情）的发生是复杂的，或者说是错综复杂的。有些事情，当事人或当局者可以说是绞尽脑汁、苦思冥想若干天（或若干年），都苦无良策，而我们的记者到现场之后，找几个人一问，采访一天半天，就成竹在胸，倚马千言，指点江山，激扬文字。这样做要想抓到痒处，实在太难，除非是天才。

如果有人问我，怎样才能做到客观公正？我想，首先是换位思考。比如说桂林景区厚此薄彼，假如我们记者自问：为什么厚此薄彼？如果我来当市长，我怎么解决？我怎么向市民解释？又比如，假如我是一个来打工挣钱的民工，我如何对待"吃好还要住好"这个观点——是吃好呢，是住好呢，还是多吃点苦，多赚点钱回去讨老婆、养孩子？再比如，如果我是天等人，你把消防车弄到乡下去送水，万一我家里起火了咋办？把这些问题想清楚了，你的文章就少了一些片面性，多了几分客观性，读者就会信服。

当然，采访要深入，不要偏听偏信，不要风闻无据，不要捕风捉影，不要浅尝辄止。这都是老生常谈，不需多言。

还有一个非业务问题，就是记者与实习生合作时如何署名的事。

目前的情况是，在《南国早报》实习的，本报记者的名字均堂而皇之地放在实习生之前。如果是本报记者带实习生、由记者执笔写的，将实习生名字放在后面，无可非议；但如果是记者指导实习生写的，则应该把实习生的名字放在前面。

这不仅是对实习生的尊重，也体现一个人的胸怀、品质，何况人家毕恭毕敬地喊你"老师"呢。更重要的是，一篇文章的署名前后，对我们老记来说，无足轻重。对实习生来说，就可能是雪中送炭：因为他们毕业要到新单位去求职，要呈送材料，本是他们的辛勤劳动，是他们执笔写的作品，却因为记者署名在前面可能被怀疑是记者写的，实习生是挂名而已。这样一来，你就不仅仅是掠人之美，而且可能会误人前程，有损阴德了。

在此，我郑重地要求本报记者，对实习生或见习记者的稿件，谁执笔的，就把谁的名字放在前头，不要让人在后面戳脊梁骨。这样做，也是合情合理、客观公正的一种体现。

从两张照片看记者"到现场"

◎蒋钦挥

贴出《当代生活报》与《南国早报》同是妇女长跑的照片（2008年4月20日），孰优孰劣、孰上孰下，相信大家一目了然。

我们《南国早报》有一个观点，就是当多个媒体都在采访同一事件时，就要想方设法体现自己的特色：或内容胜过别人，或标题胜过别人，或图片胜过别人，或文字功夫胜过别人。

广西日报社已故的张永林先生曾经教育年轻记者："只要你的文章比别人强一点点，你就胜出了。"我认为这是金玉良言。从照片看，相信我们的记者也到了现场，但为何相差甚远？我想原因很多：懒得爬楼，不愿登高；或根本没想到要爬楼，只是抓拍一张完事；或还有任务，中途就开溜了。总之，不管是什么原因，其结果却是输给了人家。看来，记者就算是到了现场，还要身入、心入；动手、还要动脑。否则，就是"空到宝山走一回"了。

我们要有这样的意识：与其写十篇低水平的稿件，不如写好一篇让读者半年或一年不忘的稿件。像"万人跑"这样的大场面，一定可以拍出好多照片的：宏大壮观的大场面不用说了，长跑中年纪最大的女同志，最年轻的小朋友，有没有残疾人，跑步中有没有突发事件，最先跑到终点的是哪个……我想，都可以入镜头。其实只要我们的记者多想想，照片是可以出彩的。

我们编辑常抱怨照片少且差（当然也有摄影记者很用心，我们的编辑欠眼光）。那么，摄影记者怎么当，这就要考虑了。

早报有个记者拍爆破一个烟囱，平常也就是拍倒地的一瞬间，但他的镜头却对准烟囱断处的钢筋，提出其所属权究竟该归谁。记得几年前有一张车祸发生之后的照片，一个铲车的大特写旁，有位司机在烧香祭祀，这就很新。摄影如此，文字记者亦然。

我们常说记者写文章，如同生意人，要追求"人无我有，人有我多，人多我好，人好我优，人优我专"。记者就是要"追新"，追求新题材、新观点、新现象、新角度，标题要新，导语要新，文字也要新。有一年三八节期间，时政新闻中心搞了个"角色反串"的系列报道，就很新。记者写一个私营爆竹厂爆炸，笔头却对准当地群众不愿与记者接触，不愿接受采访，这也很新。我只是随便回忆，这些好"东西"就会浮到脑子里来。

作为记者，一定要敢于表现自己。报纸是我们施展才华的舞台，报社是我们立身安家之地，每个人都有这种使命感、责任感，我们的报纸才能立于不败之地。

对照别人，提高自己
——从两篇文章谈写活人物新闻

◎蒋钦挥

《一个驻村指导员的一天》(《南国早报》2007年9月5日第8版)一文，一看标题就知道是一篇人物通讯。从"一天"的字眼看，应该是一篇现场感很强的文章。可是，全文看不出人物的具体、生动、形象的细节描写，看不出人物的个性、特点，情节也很少。因此，人物的形象"立"不起来，读罢感受不到主人公"好"在哪儿。真不知道记者跟了指导员一天，见到了什么。

再看黄乒宾的文章《帮助别人，快乐自己》(2007年9月6日第18版)。她也是跟公交司机邓红英出车一趟(可能没跟一天，也没必要跟一天)，写出的东西却大不相同。我就想"对照别人，提高自己"，望大家对照高手，提高自己。

黄文好在哪?

一是细节、情节好。主人公邓红英开了17年公交车，好人好事做了不少，黄却选取了其中几个细节：背老年人上车，让醉汉受愧，请年轻人给老年人让座，处理好与公婆、丈夫的关系，如何对待荣誉，等等。好些细节很传神：有一次，一对八九十岁的老夫妇颤颤巍巍地要上车，邓红英起身搀扶。老太太突然哭了，把车上的乘客弄得莫名其妙。老太太抹着眼泪说："儿女们都说忙，一个都不肯扶我们去医院，可这素昧平生的女司机却那么热情。"一醉汉上车抽烟，先是不听劝阻，还啐了邓红英一口；醉汉无座位，她劝人给他让座；见他跟跟跄跄下车，又去搀了他一把。后来醉汉给她投"十佳票"，说"真服了你"。这种有血有肉的描写，读来令人大叫爽快！

二是语言非常有特色，也很符合当事人身份。请看她(司机)的语言："那位穿花衣服的小帅哥，给这位老人家让个座好吗？""窗边那位美女，给老人家让个座可以吗？"我想，少男少女一听这话，也是乐于让座的。老公问她家庭、事业要哪样，她说："老公，我很贪心的，两样我都要。"这话风趣幽默，合情合理，使全文生辉，绝妙。对待称赞："乘客的笑脸胜过任何荣誉。"醉汉的语言:"邓姐,评'十佳',我投了你一票。说实话,我还真服了你!"乘客教小孩的语言:"叫邓姨妈好!你还没出生就坐邓姨妈的车了,邓姨妈很照顾你的!"唐老太的语言:"小邓啊,总这样麻烦你,我都不好意思了。"人与人的语言,非常有个性,相互之间不能替代。

三是用词准确,生动形象。在介绍公交车所经过的三家医院、四个公园后,说搭乘的乘客都有点"啰嗦"。这"啰嗦"二字,虽然有点"白",但我认为意味无穷,又恰到好处,让人会心一笑,余味绵长。写她背老人:"二话不说,拉起手刹下车,蹲下身将唐老太背上车。"一拉、一蹲、一背,简洁明快。写醉汉"摇摇晃晃站立不稳","跟跟跄跄地下车",同样的形态,用词绝不重复。写乘客称赞她:"前些年,由于她笑容甜、声音甜、嘴巴甜,许多市民称她'甜妹'。后来,许多市民被她美丽迷人的微笑和热情善良的品格所感动,又改称她为'微笑天使'。"一改一递进,人的境界也就不一样了。

总结起来,文章的成功,一是抓取典型细节;二是运用文字恰到好处;三是采访时开启对方心扉。我们希望有更多这样的"高手记者"。

记者捕捉到一个新闻材料,首先应确立用什么形式来表现。是消息还是通讯?是特写还是故事?是以人为主的人物通讯,还是以事件为主的事件通讯?表现新闻的形式有"十八般武艺",你如何上阵,才能写得更精彩、更易发挥?这些都要用心揣摩。

人物通讯,高手写来,让人读了一闭上眼睛,就能如见其人,如闻其声,音容笑貌,栩栩如生,多少年都忘记不了。

一是细节。细节最能打动人。但是有的记者写细节,却事无巨细,啰啰嗦嗦,一律照写。比如,几日几时几分记者到达现场都写了,记者又不是新闻人物,这样写就没什么意义了。细节一定要为表现人的性格、特点服务,是属于非常典型的动作、语言,是看了或听了使人难忘的。细节当然还包括人的肖像描写,典型的人物更是如此。

二是事件。先进人物的一生,做了很多事情,不可能一一照搬,只能选择最典型的事件,最能使人物形象"立"起来的事件,包括他自己最难处理、最头痛或最感动的事件。

三是情节。事物发展有先后,如果按顺序写来,则有平铺直叙之嫌,作为新闻，可以用倒叙、悬念等手法。"文如看山不喜平"，情节要跌宕起伏，这就需要在不违背新闻事实的前提下，去安排情节，构思篇章，让读者看起来一环扣一环，把"心"提起来跟着你的笔尖走。

四是写人要有一个精神。先进人物坚持数年这样做，肯定有一个思想在支配他，或叫精神支柱。这就要记者去体会、提炼。有了这个精神的东西，人物形象才能"立"得起来，但又不能盲目拔高，使读者感到他不食人间烟火。我们有些文章往往见事不见人、见人不见神，读来乏味。黄文的结尾就是"扬"了起来，读者读了，感到主人公这样做，其源有自，理所当然。

五是要有一个好的结尾。或首尾呼应，或画龙点睛，使人看了回味无穷。这些技术或技巧很多，不是一两句话能说清楚的，需要有心人在实践中慢慢体会。

以上是讲写人物。

《南国早报》创办十多年了，文风是否可改？我是提倡多写现场新闻的。

现场新闻，就是要把读者带到新闻事件的现场，如临其境，如见其人，如闻其声。我认为有几条要记者把握。

一是要用描述的语言，而不是用叙述的语言。描述是"状"，叙述是"讲"，一字之差，表现方式不一样，效果也就不一样。

二是要具体地描写，而不是抽象地概括。前者让人感到真实，后者让人感受到的只是概念。前者让人感到"这一个不是那一个"，也就是"这个"与"那个"的区别；后者却概而言之，或者只是一个结论。

三是语言要有特色。用词要生动、形象。天气预报是枯燥无味的，但本报梁为记者写这类稿件却颇具特色，关键还是用不用心的问题。

都市报面对的是广大市民，他们需要具体可感受的东西，更需要可读性强的文章。因此，我认为在《南国早报》提倡写现场新闻，尤为必要。

作为一个记者，会写一般性的东西，不难，难的是写出几篇让人久久忘不了的稿件。

因此，学得一技之长，有那么一把"青龙偃月刀"，比你周身是刀要好得多。不知诸位以为然否？

愿有志的年轻记者一试。我愿和大家一起努力。

严谨，严谨，再严谨

◎ 蒋钦挥

回顾近几年来我们的报纸差错不断，险情不断，用一位中心主任的话来说，是到了"忍无可忍"的地步。但客观地说，除了事实差错外，大多数是文字差错，或者叫低级错误。这些差错，只要用心，是可以减少很多的。差错多的原因，一是"马大哈"记者越来越多，"地雷"埋得多且深，令编辑挖不胜挖，防不胜防，令总编有心惊胆战之感；二是编辑水平有高下，责任心有强弱。按理说，编辑的水平要高过记者，但"蜀中无大将，廖化作先锋"，奈何？"马记"碰上"马编"，一旦"地雷"挖不干净，问题就出来了。

前几天出现的重大责任事故，教训刻骨铭心。作为总编辑，我难辞其咎，深感惭愧，愿意接受上级给我的一切处罚，在此也向大家表示歉意。但个人的荣辱毁誉、进退得失事小，如涉及早报的发展前景，兹事体大矣。因此，当事人被"抓"住，不要认为别人是小题大做，埋怨自己倒霉；非当事人也不要事不关己，心存侥幸，更不要幸灾乐祸。如果不引以为戒，总有一天落到自己头上。我和大家当举一反三，人人警觉。

不可否认，在任何一家报社，都会有"马大哈"记者，但早报似乎更多一些。一是早报实行"宽进宽出"原则，人员流动性大，且招聘时不是很讲究专业和学历；二是目前实行的工作量考核制度让不少人只顾埋头抢工作量，哪管它有没有"地雷"，而我们的老记者也无暇带年轻人；三是领导重视不够，把关不严，或者身体力行不够；四是虽有处罚条例，但执行起来常有菩萨心肠，心慈手软。

事物在发展，早报肯定要不断补充新鲜血液，吐故纳新；早报的工作量考核制度肯定要坚定不移地执行，因为舍此别无良法。但目前的工作量考核制度确实存在弊端。君不见：为了完成工作量，采访浅尝辄止，下笔匆匆，行文草率；为了完成工作量，有的写完之后连回头看一看都不愿意，认为反正有编辑把关，"否则要编辑干什么"；为了完成工作量，对纠错者恨不得"拔刀相见"（引用原话，可能夸大）；为了完成工作量，不惜弄虚作假，借稿挂名，坐地分"赃"……当然，这是一小部分人。

还有一种错误，源于功底不够深厚、扎实。我们一些记者，有"铁肩担道义"之抱负，却缺乏"妙手著文章"之本事，胆量有余，才识不足；激情有余，理性不足，往往路见不平，便拔刀相助，这是"血勇"之人，惹下官司较多。还有一类记者，或是涉世不深，或阅历尚浅，往往先入为主，偏听偏信，甚至道听途说，隔山买牛，造成报道失实。

新闻界前辈范长江说过，"只有健全高尚的人格，才可以配做新闻记者"，"新闻记者应当是社会所敬重的人物。"另一位资深记者说，记者笔下有人命关天，有事业兴衰，有荣辱毁誉，有财产万千。我想加上一句："记者笔下与自己饭碗相连。"谁砸报纸的牌子，就等于砸了自己的饭碗！因此，下笔不可不慎，建议同志们在写罢或编罢稿以后，能否做一次深呼吸，气沉丹田，把所写所编的稿件仔细读一遍，觉得没有纰漏，再发出去。把这件事当做每天洗脸一样，坚持数年做下去，必有好处。

严谨，严谨，再严谨。我愿意与早报的同志共勉之。

新闻职业道德的底线
——由一篇虚假报道想到的

◎《当代生活报》总编辑 陈 璞

每当有年轻的大学毕业生加入《当代生活报》的采编团队，我们都会安排有一个星期的业务培训。业务培训上的第一课，就是新闻工作的基本要求和职业道德教育。《短兵相接"假钞公司"》这篇虚假报道也就"当仁不让"地被拿来作为反面典型案例反复讲。我们要告诫新加入者的是：真实是新闻的生命。

朱镕基严于律己，为官清廉，不喜题词。他说由于字写得不好，很少题词，但为国家会计学院题写了四个字："不做假账"。他说："我希望每一个中国国家会计学院毕业的学生，永远都要牢记这四个大字！"寥寥四字，重若千金，含义深刻。

在新闻教科书中，对新闻的定义，大多采用"新闻即是新近发生的事实的报道"的提法。追寻事实的真相，真实地报道事实，也就成为新闻从业者最基本的职业道德。不做假新闻，是新闻工作者最低的道德底线。

《短兵相接"假钞公司"》是一篇由记者杜撰的虚假报道。这篇虚假报道的"出笼"，暴露出了我们一些年轻的采编人员政治意识和法制意识的淡薄，缺乏良好的职业道德。同时，也反映出我们在采编流程管理上的制度缺陷和把关能力的不足。

由此可见，要筑牢防范虚假新闻的一道道屏障，不仅要切实提高广大采编人员的社会责任感和职业道德，不为利所诱，不为名所累，而且要在采编管理的每一个环节上，严格把关，切实防范，方能共同维护好媒体的公信力和新闻行业的良好社会形象。

对虚假新闻的剖析、认识与堵截

◎《南国今报》总编辑 黄 荣　　副总编辑 黄志诚 李成连

在深入开展"杜绝虚假报道、增强社会责任、加强新闻职业道德建设"专项教育活动中,我们仅就我们的学习和认识,结合《南国今报》的情况,对虚假新闻做一剖析,共同鞭挞"客里空",以和新闻界同仁共同探讨。

一、对虚假新闻危害的认识

虚假新闻是在性质上相对真实新闻而言,指的是在形式上、姿态上完全具备新闻的特征,但实质上没有新闻真实的本质特性、内容虚假的"新闻"样式。

(一)虚假新闻极具危害性

《南国今报》自从2002年12月创办至今已进入第十个年头,我们对办报以来发生的较为典型的问题案例进行了总结和剖析,其中完全失实、部分失实的新闻报道虽然篇目不算多,但几乎每年都会出现。这些虚假和不实新闻的出现,引起报道对象极为不满,也给报社造成了很坏的影响。虚假新闻,不仅伤害了报道对象,也伤害了读者,伤害了报社自己;不仅损害了公民的名誉权、隐私权、肖像权等人格权益,更重要的是损害了公众的知情权,损害了报纸作为大众传播媒介的公信力。

(二)两类虚假新闻的不同程度的危害

从内容来看,《南国今报》出现的虚假新闻有完全虚构的虚假新闻和失实虚假新闻两类。这两类虚假新闻由于其虚假程度的不同所表现出来的危害性也有所不同。

1. 完全虚构的虚假新闻的危害

这是虚假新闻中最恶劣的一种,完全没有事实根据,凭空捏造,把想象、虚构的东西当成客观事实来写。实际上，这根本不是新闻，只是造假者凭空臆造出来的东西，利用新闻的形式来表达，通过新闻媒介进行传播。这一类虚假新闻在《南国今报》不多，但也有典型的案例。

2003年11月28日，《南国今报》在法治版的"律师看法"栏目刊登《收回贷款未入账，借贷人有无责任？》这样一则案例：2002年5月，鹿寨县一信用社主任周某把5000元贷款贷给居民陈某，贷款期限一年。2003年5月，陈某把贷款偿还信用社，由周某收回，并给陈某出具了一张收条，但周某没有把该笔贷款存入信用社的账户。8月，周某因为其他经济问题被立案查处，并免去信用社主任职务。新主任上任后，对陈某提起了民事诉讼，要求其偿还5000元的贷款和利息。这位律师自己提供该案信息后还点评：本案中的借款人陈某已经将借款偿还给信用社，法院对信用社要求陈某偿还贷款及利息的诉讼请求应予以驳回。该文刊登后，引起广西银监局的高度重视，责成柳州市银监局和鹿寨县信用社调查处理。鹿寨县信用社经过调查后，向柳州市中级人民法院提起诉讼，状告本报，称鹿寨县只有一个信用社，文章指向性明确，而鹿寨县信用社并无周姓主任，也没有发生过上述案例。由此，鹿寨县信用社认为自己声誉受到极大影响，要求《南国今报》及其主管法人单位广西日报社公开赔礼道歉，消除影响，并赔偿100万元。经询问提供线索的律师，对方承认是自己虚构的案例。为了平息此事，今报采取一系列弥补措施，为信用社挽回影响，一方面，《南国今报》刊登更正、致歉启事；另一方面，报社又为鹿寨信用社进行正面形象报道，才最终消除此事带来的负面影响。这种完全虚构的虚假新闻，虽然只是极个别，但危害极大。

2. 失实虚假新闻的危害

失实虚假新闻一般具有新闻事实的根据，但却没有全面、正确、恰当地报道新闻事实。

这类虚假新闻在《南国今报》也有典型案例。2004年6月22日，《南国今报》曾刊登一篇通讯员来稿，报道了当年6月20日晚上融安县浮石镇发生的一起车祸：一男青年在过马路时光顾着与路边店的女子打招呼，未注意身后车辆，结果被一名酒后驾车的司机撞死。来稿标题中有"好色青年"字眼，该版编辑认为这是一个新闻眼，而且颇有"看点"，就制作成了标题《酒后司机撞死"好色"青年》。报道见报后引起死者家属不满，诉至融安县人民法院，称该报道无故给死者扣上"好色"的帽子，并为酒驾撞死人的司机开脱罪责。后报社主动与其家属协商，并作了道歉、赔偿，其家属才撤诉。

二、对虚假新闻产生的心理动机的认识

从虚假新闻报道者的心理动机看，虚假新闻有故意性虚假新闻和非故意性虚假新闻。前者是明知不可为而有意为之，对待这种新闻队伍中的害群之马，我们应该坚决清除出新闻队伍；后者不是主观故意，我们应该区别对待，着重加强培训和教育。

（一）故意性虚假新闻

故意性虚假新闻是报道者明知所谓的"新闻事实"是不存在的，但仍然当成"新闻"来报道。一般来说，这些故意性虚假新闻的报道者的传播动机是恶意造假，这种虚假新闻也是恶意假新闻。如2003年3月31日，《南国今报》上发表了一篇1500字的通讯，题为《白天街边讨钱 晚上抽烟喝酒——龙城不少乞丐活得"滋润"又"潇洒"》，详细地叙述了作者对柳州市街头乞丐的"暗访"经过，全文新闻要素齐全，描写惟妙惟肖，全国很多媒体和网站纷纷转载。该文刊发次日，文中所提及的乞丐，有一二十人集体来到南国今报，他们多是残疾人，有的拄着拐杖，有的撑着代步的板车，艰难地来到今报，要求今报对该文重新调查，还原他们的真实生活。后来经过实际调查和网上搜索发现，该文与网上一篇题为《乞丐并非都值得同情》的随笔基本相同，区别只在于，该随笔没有注明时间、地点，唯一提到的乞丐是"李某"。随笔被直接照搬过来，套上具体时间和柳州的一些地点，换了个乞丐名字。这种故意造假的行为，在《南国今报》发生过几起，都是新进来的个别年轻记者所为。对这种故意造假的记者，我们发现一个开除一个，实行一票否决制。

（二）非故意性虚假新闻

非故意性虚假新闻，是报道者在不知情的情况下，把"虚假事实"当成真的新闻事实加以报道的"新闻"。这种虚假新闻的报道者一般来说其传播动

机不是恶意造假，因此也可认为这种虚假新闻是非恶意性虚假新闻。对这样的记者，我们采取惩前毖后、治病救人的方针，加强对记者的教育和培训，让大家提高认识。

但不管其动机是恶意还是非恶意，虚假新闻一经出笼，在新闻传播的结果上，都是对新闻受众及社会的蒙蔽和欺骗。

三、对虚假新闻产生的原因的剖析

虚假新闻的产生有着复杂的原因，诸如社会原因、道德原因、管理原因等。我们觉得，还应该分析炮制虚假新闻的记者、编辑的采编心理，这样更能认清虚假新闻产生的主观因素，有针对性地予以打击和杜绝。总体来说，虚假新闻报道者的心理是不健康的新闻心理状态。

从我们对南国今报创刊以来出现的虚假和不实新闻案例来看，有这么几种情况值得注意：

（一）制造轰动效应，企图一稿成名。

虚假新闻的报道者，尤其是完全造假的记者，都有着一种想制造社会轰动效应的心理动机，企图一稿成名。这种虚假新闻往往是带有主观故意的恶意制假新闻。为了制造轰动效应，其想象杜撰出来的"新闻事实"具有很高的"新闻价值"元素，对大众和媒体能够形成极强的吸引力。炮制《白天街边讨钱 晚上抽烟喝酒——龙城不少乞丐活得"滋润"又"潇洒"》的记者，就是因为刚到报社，太想写出有影响的报道，以致做出这样的假新闻。

（二）迎合受众心理，想象杜撰"卖点"。

一些虚假新闻的采编者为了满足受众的好奇心，刻意制造一些富有可读性和所谓"卖点"的虚假新闻。这些报道者一味曲意迎合部分受众的猎奇、猎艳、寻求刺激的心理，满足一些受众的不健康心理需求，《酒后司机撞死"好色"青年》就属于这类。

（三）利益驱动需要，以稿牟取私利。

一些虚假新闻的炮制者是受利益驱动而为，现在的媒体众多，很多媒体为了吸引受众，高额购买"特稿"、"独家新闻"，这为一些趋利者提供了空间。由于《南国今报》对有偿新闻严格控制把关,目前记者自己采写的这一类的虚假新闻还没有发现。对于社会上的一些自由撰稿人的离奇故事来稿,我们基本不用,要用也是慎之又慎;对于本地通讯员的稿件要求各环节认真核实,一些失实稿件被及时堵住了。

(四)应付激烈竞争,博弈侥幸心理。

由于现在媒体走向市场,竞争激烈,一些作者尤其是新入行的新闻工作者迫于竞争压力,为保证完成工作量,在没有新闻素材的情况下就上网"找"新闻素材,然后东拼西凑,改换姓名、地点,把外地新闻当做本地新闻来发。有的干脆就"创作新闻",抱着侥幸的心理,以为别人都不知道,结果最后被举报查出,有人也为此丢了饭碗。《南国今报》以前有一名记者,曾把网上或者外地报纸的新闻稿件加以"改造",配上当地的一些事件人物就成了"本地新闻",看着就有似曾相识的感觉,我们找他谈话,该记者死不认账,后来他的几篇稿子也是这样,终于有一篇被其他同事找到他抄袭的"母本"。这名屡教不改,自认为抄袭做得巧妙、别人不知道的记者最后被开除了。

(五)认知发生偏差,采访粗心大意。

有些虚假新闻,未必是采编人员有意造假,而是因为相关知识的贫乏或工作作风的浮躁,对新闻的判断认知发生失误,这些新闻采编人员造假,往往不是出于有意的,而是属于无意造假一类。2011年1月12日,我们收到一份柳州市柳北区人民法院发来的诉状,一名女青年状告今报和记者。她认为《南国今报》2010年12月15日刊登的《美好婚姻面临"捆绑式离婚"》有多处失实,记者过多听信男方一面之词,没有对女方进行采访。后来经过与原告商谈,我们作出道歉,原告答应撤诉。《南国今报》的一些失实新闻,大部分都是记者粗心大意的采访作风导致的,如出现人名、单位名、性别等差错导致更正的就有很多例。

(六)记者角色错位,新闻发生越轨。

记者的社会角色要求我们忠实地记录新闻事件。但在实际的新闻报道中,一些记者没有认识自身所扮演的社会角色,经常是角色错位甚至越位,以致报道发生偏差成为虚假新闻。常常有记者错位成以下角色:一是"包青天",先入为主,致使报道错位失准;二是"戏中人",有些"亲历""卧底"

采访，忘记了自己是"旁观人"的角色，介入了事件当中；三是"法官"，对一些案件进行"媒体审判"，做记者不应该做的事；四是"王婆"，对自身形象进行炒作。南国今报2009年3月曾经发生记者随当事人暗访过程中突发打人事件的情况。两名记者随一当事人去一家单位暗访，进到一间办公室，该当事人关起门来就与办公室里的一名主任打起来。由于记者采访这类有双方冲突的事件没有亮明身份，被该单位人员误以为记者是打人者的帮凶。

（七）"宁信其有不信其无"潜在心理，编辑"自己人"思维定式。

虚假新闻之所以得以出笼，与作为新闻"把关人"的编辑、主任、值班总编的把关失职有关。一些人有着"自己人"的心理定式，对记者、通讯员的稿件都过于相信，不再去核实；有些编辑则是对自己的兴趣、爱好等相投的新闻首先采用；有些新闻哪怕编辑也看出有疑问，也是抱着"宁信其有不信其无"的心理或者"姑且听之"的不负责任的态度甩给受众。我们所有发出去的报道都必须经过编辑人员一关。有些虚假新闻被编辑把关把住了，而有些则没有把住。

四、对虚假新闻的堵截处理

对待虚假新闻，必须采取综合治理的方法：一要从心理上进行纠正，二要从职业道德上进行自律约束，三要从法律法规及管理制度上进行强制监管。这样从自我的心理调节到道德自律再到法律法规、规章制度的外部强化形成一种立体的从内到外、从柔到刚的治理体系，使得虚假新闻成为心理厌恶、道德唾弃、法律惩戒的对象。

南国今报对虚假新闻着重采取了三方面堵截和处理措施：

（一）建立规范的管理体制，从管理制度上防止虚假失实新闻。

南国今报制定了一系列操作性强的规章制度，涉及防止虚假新闻方面的有《南国今报关于杜绝虚假新闻 防止新闻侵权的规定》《南国今报防止采编差错及惩治规定》《南国今报采编人员差错处罚执行细则》等。每一名新进来的员工第一课就是学习这些具体规定，并在内部BBS上开辟"规章制度"栏目公布这些规定，便于大家对照遵守。对虚假新闻，按规定进行处理，发现一起处理一起。这些措施都对防止虚假新闻的出笼起到很好的堵截和制裁作用。

（二）对出现的虚假新闻认真对待，视情况做出应对处理。

我们始终要求记者认真采写新闻，编辑认真编稿，校对堵住差错，值班领导从严审阅。如果这几关都不幸没有堵住，致使虚假新闻见报，我们认真对待，从不马虎。该公开更正的就公开更正，该向当事人道歉的就道歉。对于那些部分失实报道的当事人上门来要说法的，我们就派专人和其耐心协商；对于告上法庭的，我们也根据我们失实程度的不同，根据相关的法律法规认真应对。

（三）多作总结自我教育，对新闻采、编、校人员加强案例教育，吸取经验教训。

自己身边的事情往往印象最深刻，也最能教育人。每出一起虚假新闻的事故，我们除了按照相关规定对责任人作出相应处理以外，还让全体人员剖析和总结事故案例，从中汲取教训，避免以后再犯类似错误，从而提高全体采、编、校人员的思想认识和业务素质。

后　记

　　风起于青萍之末。

　　几年前，因为新闻官司、新闻纠纷频现，广西日报传媒集团就决定要搞一本虚假、失实、差错新闻的"反面教材"，并安排集团内系列纸媒收集案例。

　　一年前，旗下的《南国早报》率先编成了一本"内部资料"《我们错了》，在内部职工中用案例进行警示教育。

　　2011年初，因应全国"杜绝虚假报道、增强社会责任、加强新闻职业道德建设"专项教育活动，中央电视台、《光明日报》、人民网、《中国新闻出版报》等纷纷报道《我们错了》，网友热烈评论，使《我们错了》迅速吸引业内人士的关注。

　　当初起于青萍之末的微风也产生了"蝴蝶效应"。全国新闻同行和社会各界纷纷来电、来函索书，原先那本内部资料"敝帚自珍"尚可，却显然满足不了不小的"书债"。全国同行的激励与公众的呼唤，使我们产生了编著《我们错了》公开版的决心。于是集团调动采编骨干力量，收纳了包括《广西日报》《南国早报》《当代生活报》《南国今报》等在内的虚假、失实、差错新闻案例共90多个，集腋成裘，就有了这本新书。

　　新版《我们错了》有几个特点：

　　第一，最大程度保留了内部资料版的风貌和体例风格。

　　第二，本着对事不对人的原则，对版样和案例进行了适当的技术处理，体现对当事人的尊重。

　　第三，选录了全国媒体对《我们错了》一书的重点报道文章。

　　本书的编辑出版，自始至终得到广西壮族自治区党委宣传部的鼓励、支持与指导，自治区党委常委、宣传部长沈北海亲自为本书作序，高度肯定了以自身案例进行"杜绝虚假报道、增强社会责任、加强新闻职业道德建设"专项教育活动的重要意义和作用，并指示"将该书作为全区新闻界深入开展杜绝虚假报道专项教育活动警示教材"。在深受鼓舞的同时，我们感到责任更加重大。

还有许多人对出版此书给予了支持与帮助，在此一并致谢。

出版这本新书，也并非"毕其功于一役"，也很难保证以后就不再出错。我们的初衷是，既要避免重蹈覆辙，又要惩前毖后，努力提高舆论引导能力和办报水平。

编著此书，时间仓促，恐怕尚有诸多不足。恳请新闻同行与广大读者多提宝贵意见。诚意的挑刺，是对我们最大的帮助。

图书在版编目(CIP)数据

我们错了/李启瑞主编.—北京:商务印书馆,2011
ISBN 978-7-100-07681-4

Ⅰ.①我… Ⅱ.①李… Ⅲ.①新闻工作－案例－分析－广西 Ⅳ.①G219.276.7

中国版本图书馆 CIP 数据核字(2011)第 026934 号

**所有权利保留。
未经许可,不得以任何方式使用。**

我 们 错 了
李启瑞 主编

商 务 印 书 馆 出 版
(北京王府井大街 36 号 邮政编码 100710)
商 务 印 书 馆 发 行
广 西 民 族 印 刷 厂 印 刷
ISBN 978-7-100-07681-4

2011 年 3 月第 1 版　　　开本 787×1092　1/16
2011 年 3 月广西第 1 次印刷　印张 15
2011 年 4 月广西第 3 次印刷　印数 50001-70000

定价:36.00 元